Richtig streiten

Jörg Phil
Friedrich

Richtig streiten

claudius

essay

INHALT

Es wird viel gestritten, in Talkshows, in den sozialen Medien, in der Familie und unter Freunden. Es geht um die Umwelt oder das nächste Urlaubsziel, um den amerikanischen Präsidenten, um das Verbot von Pkw mit Verbrennermotoren, um den leeren Kühlschrank oder den vollen Mülleimer. Es geht um private Entscheidungen oder um gesellschaftliche Fragen und politische Probleme. Wir streiten mit Partnern und Freunden genauso über die Frage, was am Wochenende zu erledigen ist oder ob man sich mit Freunden treffen sollte, wie wir über die Nachrichten und die sogenannte große Politik streiten. In den Medien verfolgen wir den Streit der Experten über den richtigen Weg aus den Krisen, die uns auch im Alltag Sorgen machen, und den Streit unter Politikern, die Entscheidungen über Maßnahmen herbeiführen sollen.

Man meint oft, wir sollten uns weniger streiten, sollten eher den Konsens suchen, oder wenigstens einen

Kompromiss, und wir sollten dem Streit aus dem Wege gehen, weil der nur Konflikte zuspitzt, die Gegensätze verhärtet und verhindert, dass man sich überhaupt einigt, dass man in Zukunft friedlich zusammenlebt. Anstelle des Streits sollte ein sachliches Argumentieren treten, das Abwägen von Fakten und Konsequenzen von Handlungen. Aber wie im Privaten so auch im Politischen merkt man schnell, dass gerade die Dinge, die am wichtigsten sind, unsere Wünsche, Sehnsüchte und Sorgen, unsere Werte und die Vorstellungen vom guten Leben, die in der Auseinandersetzung immer eine Rolle spielen, nicht mit Tatsachen beiseitegeschoben oder so begründet werden können, dass ein anderer durch sachliche Argumente überzeugt werden könnte. Hinzu kommt, dass Tatsachen zumeist nicht einmal so genau bekannt sind, dass ihre Konsequenzen als Argumente akzeptiert werden müssten.

Am Streit führt also kein Weg vorbei. Oft hört man, Streit sei irrational. Aber wenn man die Tatsachen und ihre Zusammenhänge in der Welt nicht so genau kennt und wenn die Auseinandersetzung über Wünsche und Werte ohnehin nicht durch Tatsachen entschieden werden kann, wäre es irrational, auf einer sachlichen Argumentation zu bestehen, die doch gar nicht zu einem Ende kommen kann. Streit selbst ist rational – er kann jedenfalls rational sein, wenn wir akzeptieren, dass die menschliche Rationalität vielfältiger und komplexer ist, als es eine formale Logik und nüchterne Tatsachen glauben machen wollen.

Irrational zu sein, nicht logisch zu argumentieren, ist dann ein oft gehörter Vorwurf. Dem politischen Gegner wird gern unterstellt, die Regeln der Logik zu verletzen, nicht rational zu argumentieren. Es hat den Anschein, als gäbe es irgendwo ein Regelwerk, an welches sich jede Person halten müsste und könnte, die an einem Streit teilnehmen will – und wer sich nicht an diese einfachen Regeln hält, der ist auch nicht berechtigt, mitzureden. Schließlich soll der Streit zwar engagiert, aber am Ende doch konstruktiv sein. Und um konstruktiv zu sein, so meint man, müssen sich alle an die Regeln der Logik halten.

Logik ist in dieser Sicht eine alte und gut begründete Wissenschaft, die zudem durch jeden, der für sich beansprucht, vernünftig zu sein, erlernt und angewandt werden kann. Logik als Wissenschaft ist Mathematik und ihre Regeln sind so glasklar vernünftig und zwingend wie die der Addition und Multiplikation. Wer sich nicht selbst die Mühe machen will, die Anwendung dieser Regeln zu lernen, soll wenigstens auf die Experten hören, die das können, soll ihnen vertrauen und im Übrigen schweigen.

Dieses Essay wird diese einfache Sicht der Dinge fragwürdig machen. Kurz gesagt, behaupte ich hier, dass die einfache Logik für die meisten Bereiche, um die wir engagiert streiten, gar nicht anwendbar ist. Unsere praktische und gesellschaftliche Welt gehorcht nicht klaren mathematischen Regeln, weder denen einer simplen formalen Aussagenlogik noch denen einer ausgefeilten Argumentationslogik. Wir können unsere Vorstellungen und Überzeugungen von der Welt nicht so in Begriffe fassen, dass einfache logische Regeln, die man im Mathematikunterricht lernen kann, anwendbar wären. Zwar können all die durchdachten Regelsysteme hilfreiche Orientierung geben, um die Realität zu durchschauen. Sie können uns sozusagen als einfache Beispiele dienen, so wie wir mit Puppen und Teddybären als Kinder Schule oder Vater-Mutter-Kind gespielt haben und damit einen ersten Eindruck davon bekamen, wie unser Zusammenleben strukturiert ist. Aber die einfachen Beispiele und Regeln lassen sich nicht einfach auf die Welt anwenden und schon gar nicht können wir sie als Werkzeugkasten in einem realen Streit verwenden, um irgendwen von einer Wahrheit zu überzeugen. Sie sind weder zur Beschreibung eines möglichen rationalen Diskurses geeignet noch als Normen, nach denen die Teilnehmer des Diskurses sich zu richten hätten, wenn sie beanspruchen, am Gespräch teilzunehmen.

Deshalb ist es auch absurd, die Einhaltung und Beachtung dieser Regeln zur Voraussetzung für die Teilnahme an einem Streit zu machen. Vernünftig ist immer nur die

Beachtung einer Logik, die dem Problemkreis, um den sich das Gespräch dreht, angemessen ist. Die Einhaltung einer Logik zu fordern, die nicht angemessen ist, ist hingegen unvernünftig.

Wir müssen also, um es noch einmal anders zu sagen, zwischen Streit und Diskussion unterscheiden. Beide haben ihre Berechtigung und ihren eigenen Platz in der Kommunikation, sei es im privaten, im gesellschaftlichen oder im politischen Bereich. Keineswegs lässt sich jeder Streit in eine „sachliche Diskussion" verwandeln. Sachlich bleiben können wir eigentlich nur, wenn wir den Gegenstand, um den es geht, zwar „interessant" finden, wenn er uns aber nicht existenziell betrifft. Steht unser Selbstverständnis von guten, richtigen, erfüllten, sinnvollen Leben auf dem Spiel, sind wir nicht nur sachlich, sondern existenziell gefragt. Dann müssen wir streiten. Um die Logik und die Rationalität dieses Streitens soll es auf den folgenden Seiten gehen.

Eine Bemerkung zum Aufbau dieses Essays sei dem vorangestellt. Es handelt sich im ganz ursprünglichen Sinn um ein Essay, also um einen Versuch, ein aktuelles, durch tagtägliche Erfahrungen dynamisch veränderliches Geflecht von Problemen zu durchdenken. Wie Meinungen im Streit mag auch in diesem Essay einiges widersprüchlich und unpräzise wirken, aber ich habe die Hoffnung, dass es insgesamt das Nachdenken über das richtige

Streiten in eine konstruktive, erhellende Richtung befördert. Im gewissen Sinne ist es ein Versuch, zum Streiten über das Streiten konstruktiv beizutragen.

Dabei gehen die ersten Abschnitte davon aus, dass Streitende im Streit nach Konsens und Ausgleich suchen, eine These, die später widerrufen wird. In der Realität wird beides nicht immer zu unterscheiden sein – und die widersprüchlich anmutende Methodik ist vielleicht geeignet, diese Ununterscheidbarkeit und Unentschiedenheit realer Streits verständlich zu machen.

Kapitel 1 Das begründete Sprechen

Das Wort *Logik* stammt bekanntlich aus dem Griechischen, die Nachsilbe *-ik* weist darauf hin, dass das Wort eine Kunst oder Technik beschreibt, genauer gesagt etwas, was sowohl Kunstfertigkeit als auch technisches Vermögen ist, eine Fähigkeit, die man einüben kann und in der man es zur Meisterschaft bringen kann. Das griechische Wort λόγος *(lógos),* das die erste Silbe des Worts beiträgt, hat eine besondere Bedeutung. Es ist nicht einfach das Sprechen oder die Rede, es ist das Sprechen mit oder zu anderen mit einem gewissen Anspruch. Schaut man in ein Wörterbuch des Altgriechischen, meint man zuerst, dass das Wort verschiedene Bedeutungen haben könnte, da steht als Übersetzung ebenso *die Mitteilung, die Rede, die Erzählung* oder gar *das Gerücht* wie auch *die Behauptung, der Lehrsatz* und auch *die Rechenschaft* und sogar *die Rechnung* und schließlich auch *die Vernunft.* Noch schillernder erscheinen die Bedeutungen, wenn man das zugehörige Verb λέγειν *(légein)* dazu nimmt, das auch *auflesen, sammeln, auslegen* und natürlich *besprechen* bedeutet. Wenn wir ein altgriechisches Wort heute mit so unterschiedlichen Wörtern übersetzen, weist das aber darauf hin, dass darin eine gemeinsame Bedeutung steckt, etwas, das ursprünglich zusammengehörte, das im Laufe der Geschichte vergessen wurde und sich in verschiedene Bedeutungen verloren hat. Es geht um das sammelnde, versammelnde gemeinsame Besprechen, bei dem ein gemeinsames Verständnis einer Sache entwickelt wird, welches sich aber nicht unbedingt in einem einfachen Satz, sondern in einer Erzählung, einer gemeinsamen Rede darstellen lässt. Diese frühe Bedeutung ist uns heute nicht völlig fremd; auch wenn wir keinen treffenden Begriff mehr dafür haben. Aber wir kennen noch immer die Kunst, gemeinsam im Gespräch eine Lösung für ein Problem oder eine Antwort auf eine wichtige Frage zu finden – durch gemeinsames Abwägen, dadurch, dass im Gespräch Verständnis für die Befürchtungen und Hoffnungen der anderen gefunden und Gründe für ihre Ansichten nachvollziehbar werden –, also einen gemeinsamen Weg in die Zukunft zu finden. Die Kunst dieses Beratschlagens und Rechenschaftgebens, das ist die Logik. Um diese Logik soll es in diesem Essay gehen.

Ich werde versuchen, ein paar Elemente der Logik des alltäglichen Gesprächs zu finden, vor allem, wenn sich dieses Gespräch um politische oder gesellschaftliche Situationen, Ereignisse und Prozesse dreht.

Gleich vorweg: Es gehört zu den großen Missverständnissen, dass wir einander innerhalb eines alltäglichen Zusammentreffens, sei es ein Telefonat, ein Wortwechsel am Abendbrottisch oder in der Mittagspause, irgendwie von der Richtigkeit der eigenen Argumente und von der Falschheit der Argumente und Überzeugungen des anderen überzeugen könnten. Wo dies doch funktioniert, geht es meist um nichts Bedeutendes, nichts, was mir oder meiner Gesprächspartnerin wirklich wichtig ist. Wenn wir beratschlagen, welchen Wein wir den Freunden am Samstag servieren, ist das Argumentieren einfach und wir können uns rasch einigen. Wer darüber ins ernste Streiten gerät, der wird wohl auf den folgenden Seiten auch keine Hilfe finden. Hier geht es um die Dinge, die uns etwas bedeuten, die unsere Sehnsüchte und Hoffnungen, unsere Ängste und innersten Wünsche betreffen. Das können private Fragen sein, etwa, ob die Stadt, in der wir wohnen, die ist, in der wir alt werden wollen, ob wir im Sommer verreisen wollen oder lieber im Garten arbeiten. Gründe für das Streiten, um das es hier geht, können aber auch politische oder gesellschaftliche Herausforderungen sein, die unser Leben betreffen oder auch das unserer Kinder.

Zu solchen Fragen ändern wir unsere Meinungen nicht einfach, weil jemand ein gutes Argument gegen sie vorbringt. Jedes gute Argument gegen etwas, das mir wichtig ist, schmerzt und deshalb aktiviert es erst einmal

Abwehrkräfte. Das ist vermutlich auch gut so, denn das zeigt, wie wichtig mir die Sache ist. Argumente überzeugen nicht unmittelbar, sie geben vielleicht einen Impuls, der mich, wenn er immer wieder erneuert wird, auf einen neuen Denkpfad bringt. Ein Nachdenken, das so in Gang kommt, kann dazu führen, dass ich selbst die Argumente abwäge auf eine Weise, die den Schmerz erträglich macht. Und dann ändern sich – allmählich – auch meine Meinungen und Überzeugungen.

Streit entsteht, wenn sich Menschen über Ereignisse austauschen, die sie beobachten und erleben und auf unterschiedliche Weise bewerten. Zu ihren Beobachtungen haben Menschen Meinungen, Standpunkte, Befürchtungen und Wünsche. Das Wort *Meinung* nutzen wir oft als Sammelbegriff für persönliche Äußerungen zu politischen und gesellschaftlichen Themen, ebenso zu Sachverhalten im kulturellen, künstlerischen, sportlichen und auch im privaten Bereich. Eine Meinung ist ein persönliches Urteil zu einem Sachverhalt. Allerdings prägt die Meinung umgekehrt auch den Blick auf die Dinge. Meinungen bestimmen mit, wie wir die Dinge sehen.

Eine Erwartung ist auch eine Meinung, nämlich eine Meinung dazu, welche Ereignisse ich in Zukunft für möglich oder wahrscheinlich halte. In diese Ereignisse setze ich Hoffnungen oder sie wecken in mir Befürchtungen. Ich wünsche, dass es so kommt, oder ich habe Sorge, dass diese Ereignisse eintreten könnten. Hoffnungen, Befürchtungen, Sorgen und Wünsche: Diese Begriffe sollen zum Ausdruck bringen, dass es sich nicht einfach um Überzeugungen über den Zustand der Welt handelt, sondern dass die Person, die sie äußert, dazu auch Stellung bezieht. Auf der anderen Seite beziehen sich die meisten Meinungen als Erwartungen nicht auf die Gegenwart, sondern auf die Konsequenzen des Gegenwärtigen für die Zukunft. Sie sind deshalb nur selten durch direkte Beobachtung zu beweisen oder zu widerlegen.

Diese Struktur der Meinung, ihre verschiedenen Ausprägungen und ihre zentrale Rolle beim Streit werden in einem eigenen Kapitel (Kapitel 3) genauer betrachtet. Es wird sich zeigen, dass es nicht etwa sinnvoll wäre, im Streit Meinungen durch Wissen zu ersetzen, ja den Meinungsstreit vielleicht sogar ganz zu verdrängen und an seine Stelle wissenschaftliche Verfahren der Erkenntnisgewinnung treten zu lassen, die dann von allen akzeptiert werden müssten. Meinungen zu haben und nach diesen

Meinungen zu handeln und mit anderen Menschen umzugehen sowie in der Welt zu agieren, das gehört zum Menschen notwendig dazu und es wäre nicht zu wünschen, daran etwas zu ändern. Dass die Meinungsfreiheit so einen hohen Wert hat, ist nicht nur der Tatsache geschuldet, dass unter den leider unwissenden Menschen Frieden herrschen muss und man somit also notgedrungen jeder Person ihre Meinung zugestehen muss. Durch die Endlichkeit des menschlichen Verstandes und durch die Tatsachen, dass jedes selbstbewusste Individuum eigene Wünsche, Ziele und Befürchtungen hat, sind Meinungen das wichtigste Element der Aushandlung von Formen des Zusammenlebens. Es ist nicht sinnvoll, Meinungen zu eliminieren. Richtiges Streiten geht davon aus, dass wir normalerweise nichts anderes haben als Meinungen. Trotzdem können wir auch über Meinungen streiten und im Meinungsstreit Meinungen verändern, stabilisieren oder fragwürdig machen.

Tatsächlich werden diese Ergebnisse der folgenden Betrachtungen auch normativen Charakter haben: Da die meisten von uns vernünftig sein wollen, kann man auch von ihnen verlangen, vernünftig zu sein. Aber die Vernunft zeigt sich eben nicht im Einhalten von Regeln, die sich eine Wissenschaft ausgedacht hat, auch wenn diese Wissenschaft alt und auf einigen Gebieten durchaus erfolgreich ist. Vernünftig ist, das typisch Menschliche in der Kommunikation anzuerkennen: Dass uns unser Leben und die Welt nicht gleichgültig sind, sondern dass wir mit unserem Fühlen, Hoffen und Sorgen dazu Stellung nehmen. Dass wir deshalb niemals „sachlich" oder „nüchtern" bleiben können, wenn wir menschlich bleiben wollen. Diese Sphäre unseres Denkens gehört untrennbar zur menschlichen Vernunft. Es wäre gerade nicht rational, sie auszuklammern, wenn wir streiten und uns im Streit schließlich einigen oder wenigstens einander akzeptieren wollen.

Was das alles genau besagt, wird sich erst im Laufe der nächsten Kapitel zeigen. Es gehört zur Logik der Sache, dass wir nicht systematisch aufbauend vorgehen können, sondern uns sozusagen von einem unklaren Vorverständnis und einer intuitiven Einsicht aus in Kreisen immer wieder erneut den Kerngedanken der Logik, die wir für gesellschaftliche und praktische Fragen brauchen, annähern können.

Die Bereitschaft, zu begründen

Zum *Logos* gehört auch die Vernunft, Logik ist also die Kunst des vernünftigen Sprechens. Was aber als vernünftig gilt, ist selbst schon Gegenstand des Streits. Wer meint, man könne die Regeln der Vernünftigkeit in Lehrbüchern der Logik nachlesen, macht schon

Voraussetzungen, die seine Diskussionspartner nicht anerkennen müssen. Wir brauchen also zuerst einen Begriff von Vernunft im Sprechen, der allgemein genug ist, dass ihn alle, die für sich beanspruchen, vernünftig sein zu wollen, akzeptieren, der aber doch etwas enthält, was für die Kunst des Sprechens wichtig ist. Intuitiv sehen die meisten Menschen ein, dass nicht alles, was gesagt wird,
20 schon deshalb vernünftig ist, weil es nun einmal die Meinung eines Menschen ist. Was also ist die grundlegende Eigenschaft eines Sprechens, das als vernünftig akzeptiert werden kann?

Kurz gesagt, es geht um das begründete und begründende Sprechen. Ich sage etwas: Es mag eine Behauptung, eine Sorge, ein Wunsch, eine Vermutung oder eine Bitte sein. Für meine Meinung oder Erwartung kann mein Gegenüber eine Begründung fordern. Die erste These über die Logik als begründetem Sprechen lautet: Zur Rationalität, zur Vernunft, gehört es, die Forderung nach Begründungen zu verstehen, zu akzeptieren und zu versuchen, ihr zu genügen. Als vernünftiger Mensch verstehe ich, dass jemand „Warum?“ fragt, wenn ich eine Meinung oder Erwartung äußere.

Selbst wenn ich in einem konkreten Streit eine Begründung verweigere – darauf werden wir zurückkommen – oder wenn es mir schwerfällt, eine Begründung anzugeben und klar zu formulieren, bin ich, soweit ich beanspruche, eine vernünftige Meinung zu haben, doch sicher, dass meine Meinung begründet ist. Wer auf die Frage nach dem Warum seiner Überzeugung oder Sorge nur antwortet: „Das ist eben so!“ oder „Weil ich das so will!“ oder „Weil ich das eben weiß!“, ist genauso wenig vernünftig wie jemand, der antwortet: „Das weiß doch jeder!“, „Wie kannst du daran zweifeln!“ oder „Weißt du es etwa besser?“

Um Missverständnissen vorzubeugen: Es ist selbstverständlich normal, dass solche Sätze in einem Gespräch fallen. Wenn ich nach Gründen für Überzeugungen gefragt werde, die mir wichtig sind, die mit meinen größten Wünschen oder Sorgen verbunden sind, dann wehre ich diese Nachfragen womöglich spontan ab. Unvernünftig ist, die Nachfrage prinzipiell nicht zu akzeptieren und auch später nicht zu versuchen, nach Begründungen zu suchen und diese auch zu formulieren.

Vernünftig ist, auf die Frage nach dem Warum einen Grund anzugeben, den der, der fragt, als Grund verstehen und akzeptieren kann. Die Weisen, solche Gründe zu formulieren, sind durch die Logik festgelegt, der die Personen folgen, die da miteinander sprechen. Diese können sich voneinander unterscheiden, und ich kann nicht erwarten, dass andere Menschen meine Regeln einfach akzeptieren, etwa, weil ich sie im Philosophiestudium gelernt habe.

Man sieht schon, dass Logik eine Sache der gemeinsamen Akzeptanz von Wegen des Begründens ist. Wer meint, die richtige Logik zu besitzen und diese einem anderen aufdrängen zu können, verhält sich streng genommen schon unlogisch. Er muss die Vorteile seiner Art, Begründungen zu geben, ja erst erweisen. Und wie könnte er das besser tun, als in der Sache zu argumentieren und den anderen zu überzeugen – nicht in erster Linie davon, dass seine Schlussweisen die „richtigen" sind, sondern Überzeugen in der Sache, um die es in der Diskussion geht, die gerade geführt wird.

Es gibt allerdings auch ein Ende des Begründens, genauer gesagt, eine Grenze. Wenn man mit dem Begründen einer Meinung in die Gegend dieser Grenze kommt, unterscheiden sich die Gründe immer weniger von dem, was begründet werden soll. Wir erreichen hier den Bereich unseres innersten Selbstverständnisses vom guten oder gelungenen Leben.

Ein Alltagsbeispiel soll das erläutern: Bob erzählt Alice, dass er ein Restaurant in der Innenstadt für das beste Restaurant überhaupt hält, ja sogar für den schönsten Ort, an dem man einen Samstagabend verbringen kann. Das ist Bobs Meinung. Alice kann nun fragen, warum er das so sieht. Vielleicht schildert Bob dann die Einrichtung, das gemütliche Ambiente, die Musikauswahl, die dort zu hören ist. All das gefällt ihm und dass es dazu beiträgt, dass man sich dort wohlfühlt, ist ebenfalls Bobs Meinung. Nun könnte es sein, dass die beiden es dabei bewenden lassen. Alice erwidert jedoch womöglich, dass all das ihr nicht so zusagt. Aber vielleicht fragt sie weiter, sie will verstehen, warum Bob das alles so toll findet. Er kann nun sagen, dass Einrichtung und Musik genau seinen Geschmack treffen, er kann natürlich auch darauf hinweisen, dass ihm die Farben nicht zu grell, aber auch nicht zu blass erscheinen, dass die Musik nicht stört, aber doch die gute Laune hebt. Alice kann weiter fragen, warum er das so empfindet, Bob könnte erwidern, dass er schon früher in solchen Restaurants war und sich da immer sehr wohlgefühlt habe. Am Ende bleibt Bob nur noch, auf sein persönliches Empfinden, seine Stimmung, sein Erleben von Freude hinzuweisen – damit ist die Grenze des Begründbaren erreicht.

Zur Vernunft gehört es auch, zu akzeptieren, dass es solche Grenzen gibt, und dass man an diesen Grenzen keineswegs einen Konsens gefunden haben muss. Es ist möglich, dass Alice auf dem Weg des Begründens an eigene Empfindungen, das Erleben von Freude oder Ähnliches, erinnert wird und dadurch mit der Begründung zufrieden ist. Es kann auch sein, dass Bob ihr durch seine Erklärungen fremd wird. Vernünftig ist, die Grenze des Begründbaren zu erkennen und zu akzeptieren. Das gilt nicht nur für persönliche Geschmacksfragen, sondern für alle Bereiche, in denen Meinungen geäußert und begründet werden.

Viel mehr braucht es nicht, um vernünftig zu sein. Aus der Beobachtung tatsächlicher erfolgreicher Diskussionen können wir einige Charakteristika einer vernünftigen Logik ableiten. Das werde ich auf den nächsten Seiten versuchen. Dabei werden sich die Grenzen, aber auch die Möglichkeiten des Reflektierens über Logik und Rationalität zeigen.

Wahrhaftigkeit

Das ganze Unternehmen hat allerdings eine Voraussetzung: Wir nehmen an, dass die Teilnehmer des Streits, den wir verfolgen, wahrhaftig sind. Wir vermuten, dass sie, wenn sie etwa eine Überzeugung formulieren, tatsächlich von dem überzeugt sind, was sie sagen; dass sie, wenn sie eine Sorge zum Ausdruck bringen, tatsächlich besorgt sind; dass sie, wenn sie einen Wunsch oder eine Hoffnung formulieren, tatsächlich das wünschen oder hoffen, was sie so benennen. Genau genommen heißt das nicht, dass sie es auch „wirklich sagen" – denn was wirklich gesagt wird, kann ja schon wieder Gegenstand von Unklarheiten und Missverständnissen sein. Wahrhaftig bedeutet nur, dass derjenige, der spricht, beabsichtigt, das auszudrücken, was er meint und erwartet. Ob mein

Gegenüber wirklich versteht, was ich meine, wird sich vielleicht im weiteren Verlauf des Streits herausstellen. Zur Wahrhaftigkeit gehört nur, dass ich selbst beabsichtige, meine wirkliche Meinung zum Ausdruck zu bringen und sie so zu begründen, dass die Gründe für mich selbst als Gründe auch akzeptabel sind.

Ich gehe hier also davon aus, dass niemand lügt oder täuscht. Die Logik der Lüge zu formulieren wäre eine andere Herausforderung, die ich hier nicht annehmen will. Ich beginne mit der Annahme, dass alle, die sich an einem Streit beteiligen, wahrhaftig sind und dass jeder davon überzeugt ist, dass auch die anderen wahrhaftig sind.

Ist das für einen realen Streit schon zu viel verlangt? Sind reale Streits nicht viel zu oft von Täuschungen und bloß taktischen Begründungen geprägt, sodass wir mit der Voraussetzung von Wahrhaftigkeit den täglichen Streit unter Freunden, den politischen Streit in den Parlamenten und den öffentlichen Streit unter Experten und Intellektuellen in den Talkshows schon verfehlen?

Man könnte meinen, dass man zunächst zwischen diesen Situationen, dem privaten Streit beim Abendessen oder beim Wein und den öffentlichen Debatten in den Feuilletons und Talkshows unterscheiden muss. In der ersten Situation geht es erhitzt und spontan zu, man fühlt sich unbeobachtet, sagt, was man denkt und „wie einem der Schnabel gewachsen ist". Zudem verfolgt man in dieser Situation keine Ziele außerhalb des aktuellen Gesprächs und des Freundeskreises. Im anderen Fall, so kann man vermuten, ist alles inszeniert, kontrolliert und vor allem durch bestimmte Interessen und Ziele bestimmt. Aber diesen Unterschied möchte ich hier gerade nicht machen, ich möchte herausfinden, wie weit man mit der Annahme der Wahrhaftigkeit kommen kann. Weder kann ich mir in der privaten Debatte sicher sein, dass alle wirklich so zu sprechen versuchen, wie sie denken, oder ob sie nicht vielleicht zur Provokation oder umgekehrt, um ihre Ruhe zu haben, Meinungen vertreten, die nicht ihren inneren Überzeugungen entsprechen, noch ist es sinnvoll, zu vermuten, dass in der öffentlichen Debatte kaum jemand wahrhaftig argumentiert. Zudem kann man ja auch, wenn man in dieser Hinsicht unsicher ist, dennoch selbst so sprechen, nachfragen und argumentieren, dass man Wahrhaftigkeit unterstellt. Auch dann können die Argumente der anderen für mich selbst hilfreich, anregend und erhellend sein. Da ich mir über die Wahrhaftigkeit prinzipiell nie ganz sicher sein kann, kann ich auch annehmen, dass die anderen wirklich wahrhaftig sind.

Wahrhaftigkeit, so kann man auch annehmen, erweist sich im Verlauf des Streits. Wenn die Überlegungen, die ich in den folgenden Kapiteln anstelle, sinnvoll und zutreffend sind, dann wird der Streit unter wahrhaftigen

Partnern sich als guter und richtiger Streit entwickeln. Womöglich wird das wahrhaftige Streiten unter der stillschweigenden Annahme, dass auch die anderen wahrhaftig sind, sogar zur Wahrhaftigkeit beitragen. Es ist also sinnvoll, diese Annahme zu machen, auch wenn sie nicht sicher ist und im konkreten Fall einiges dagegensprechen mag.

Kapitel 2 Gemeinsamkeiten im Streit und Nachsichtigkeit

Vernünftig streiten heißt, die Frage nach dem Grund einer Meinung oder einer Erwartung zu akzeptieren und bereit zu sein, Gründe anzugeben. Gründe, Begründungen, sind oft selbst wieder Meinungen. Im vernünftigen Streit werden Meinungen durch Meinungen begründet, wobei die Hoffnung besteht, dass die Meinung, die als Begründung dient, unter den Streitenden weniger strittig ist, als die Meinung, über die gestritten wird. Allerdings reicht das nicht aus. Der Übergang von der strittigen Meinung zur Begründung muss selbst vernünftig sein. Die Gründe müssen für den, dem sie gegeben werden, als Grund akzeptabel sein. Das heißt nicht, dass er ihnen zustimmen muss, dass er sie als richtig ansehen muss. Sie müssen ihm nicht einleuchten, er kann sie bestreiten – aber sie müssen überhaupt als Gründe in Frage kommen. Sie müssen irgendetwas mit der geäußerten Meinung zu tun haben, was sie als Begründung in Frage kommen lässt. Wenn ich der Meinung bin, dass der aktuelle Regierungschef ein schlechter Politiker ist, wird als Begründung von kaum jemandem akzeptiert werden, dass heute die Sonne scheint. Das liegt nicht daran, dass die Sonne faktisch gar nicht scheint, sondern daran, dass es unvernünftig ist, diesen Umstand zur Begründung für ein Urteil über einen Politiker zu nutzen.

Notwendige Gemeinsamkeiten

Aber auch bei dem, was als Begründung taugt, muss man jeweils noch etwas genauer hinsehen. Ein Beispiel: Alice sagt zu Bob, dass sie fürchte, Donald Trump werde die nächsten Präsidentschaftswahlen in den USA gewinnen. Bob fragt sie daraufhin, warum sie das befürchte. Stellen wir uns für Alice folgende Antworten vor:

„Ich habe heute Nacht geträumt, dass das passiert!“

„Immer, wenn es zu den Midterm-Wahlen in Europa mild war, hat der amtierende Präsident die nächsten Wahlen verloren!“

„Obwohl Trump so viel Mist macht, hat er so viele begeisterte Anhänger!“

Es mag sein, dass Bob einige dieser möglichen Antworten als Begründung akzeptiert. Das bedeutet noch nicht, dass er ihnen zustimmt oder dass sie ihn überzeugen. Ohne weitere Informationen über Alice und Bob ist es zudem schwer, zu entscheiden, welche dieser Antworten für Bob als Grund für Alices Befürchtung akzeptabel sind. Das hängt zunächst auch davon ab, wie nah Alice und Bob sich sind und was Bob bereits über Alice weiß. Begegnen sie sich zum ersten Mal in einer Online-Diskussion oder sind sie seit Jahren miteinander verheiratet und haben die letzten Abende miteinander verbracht? Im ersten Fall wird der Verweis auf den Traum irrational klingen, im zweiten Fall kann es sein, dass Bob sich daran erinnert, dass sie beide am Abend zuvor gemeinsam eine Fernsehsendung über die politische Situation in den USA gesehen haben.

Daraus ergibt sich eine zweite These über das vernünftige Sprechen: Vernünftig ist, Gründe so anzugeben, dass man vermuten kann, dass der Adressat meiner Aussage den Grund als Begründung akzeptieren kann. Alice verhält sich vernünftig, wenn sie überlegt, welche Begründung Bob überhaupt verstehen kann. Zu ihrem Mann kann sie sagen: „Ich habe das geträumt“, weil der die Chance hat, diese Information so in sein Wissen über Alice einzubauen, dass der Traum als Grund für die Sorge verständlich wird. In einer Online-Diskussion wird dies fragwürdig sein.

Jede vernünftige Diskussion setzt voraus, dass die Teilnehmenden gewisse Gemeinsamkeiten haben (oder wenigstens vermuten, dass diese Gemeinsamkeiten bestehen). Vernünftig ist, sich bei einer Äußerung oder spätestens beim Begründen der Äußerung, diese Gemeinsamkeiten in Erinnerung zu rufen und wenigstens zu überlegen, ob auf Basis der Gemeinsamkeiten der Grund, den man angeben will, als Begründung akzeptabel sein kann.

32 Zumeist muss zwischen der Begründung und dem, was begründet werden soll, eine Brücke gebaut werden. Das Baumaterial dieser Brücke sind die Gemeinsamkeiten, die Bob und Alice haben. Die Brücke wird in unserem Fall von Bob gebaut; er schließt die Lücke zwischen der Begründung und der Aussage aus dem Fundus der Gemeinsamkeiten. Auf jeden Fall ist die Bereitschaft, sich am Bau dieser Brücke zu beteiligen, von der Diskussionssituation abhängig. In Diskussionen mit Fremden wird sie weit weniger vorhanden sein als unter guten Freunden.

Auch die Beweggründe sollten in die Betrachtung einbezogen werden. Die Frage nach dem Warum kann im Falle einer Befürchtung drei verschiedene Bedeutungen haben: Warum vermutest du das, was dir Sorgen macht? Warum macht es dir Sorgen? Und: Warum sprichst du die Sorge aus? In unserem Beispiel: Alice hat am Abend zuvor eine Sendung gesehen, die die Zustimmung zu Trumps politischem Auftreten zeigt. Daher kommt es, dass sie seine erneute Wahl für möglich hält. Es macht ihr Sorgen, weil sie die Politik Trumps für gefährlich hält. Sie spricht darüber, weil sie hofft, dass Bob ihre Sorgen entkräften kann, weil sie mit ihm über Konsequenzen für ihr Leben reden will oder weil sie einfach gern über Politik spricht. Gerade der letzte Aspekt ist wichtig, wenn wir Diskussionen mit Fremden und solche mit guten Freunden miteinander vergleichen. Oft wird davon ausgegangen, dass Menschen, wenn sie mit ganz Fremden diskutieren, bestimmte Ziele der Beeinflussung verfolgen. In Diskussionen mit nahen Freunden sucht man hingegen vielleicht eher Klärung oder Anteilnahme. Wir werden am Ende dieses Essays auf die Beweggründe, die wir beim Streiten haben, zurückkommen.

Das Prinzip der Nachsichtigkeit

Wenn wir für ein vernünftiges Sprechen voraussetzen, dass sowohl der, der spricht und Gründe angeben soll, als auch der, der die Gründe fordert, gewisse Gemeinsamkeiten vermuten müssen, dann kommt ein weiteres Prinzip des vernünftigen Sprechens ins Spiel: das der Nachsichtigkeit.

Um zu verstehen, warum ich hier von Nachsichtigkeit spreche und was damit gemeint ist, muss kurz die Herkunft des Begriffs erläutert werden. In der Philosophie des 20. Jahrhunderts ist dieses Prinzip durch den amerikanischen Philosophen Willard Van Orman Quine und dessen Schüler Donald Davidson bekannt geworden. Quine zitiert in seinem Werk „Word and Object“ von 1960 seinerseits den Philosophen Neil L. Wilson und dessen „principle of charity“. Diesen Begriff übernimmt Davidson in seinen Aufsätzen über „Truth and Interpretation“. Joachim Schulte, der die Werke von Quine und Davidson ins Deutsche übertragen hat, übersetzt es mit „Prinzip der Nachsichtigkeit“. Was ist aber wirklich gemeint?

Das englische *charity* kommt von *caritas*, und *caritas* wiederum ist das lateinische Wort für das altgriechische αγάπη *(agápe)*. Agape ist die uneigennützige, schenkende Menschenliebe, das gegenseitige Wertschätzen, die Gewissheit, dass das gute Leben im gemeinschaftlichen Zusammenwirken gefunden wird, in dem jede und jeder Quelle eigener Erkenntnis ist. Agape ist auch das gemeinschaftliche Mahl, zu dem alle Speisen und Getränke mitbringen und sich gegenseitig bewirten. Ursprünglich ist also Agape nicht das, was wir heute unter Caritas verstehen oder was wir meinen, wenn wir von Charity-Veranstaltungen reden, wo Reiche großzügig den Ärmeren geben. Agape ist ein Prinzip der Gegenseitigkeit. Auf den Erkenntnisprozess bezogen heißt es: Jede wahrhaftige Äußerung, wenn ich sie richtig verstehe, ist Quelle für meine Erkenntnis, für Einsicht und mein Verständnis der Sache.

Quine geht es in „Word and Object“ um die Frage, wie man Bedeutungen von Sätzen verstehen kann, die in einer fremden Sprache formuliert sind oder die (in meiner eigenen Sprache) einen Gebrauch von Wörtern machen, der mir unverständlich ist. Er schreibt: „Die durchaus vernünftige Annahme, die hinter dieser Maxime steckt, ist, dass die Dummheit des Gesprächspartners über einen bestimmten Punkt hinaus weniger wahrscheinlich ist als eine schlechte Übersetzung oder – im einzelsprachlichen Fall – abweichendes Sprachverhalten.“[1] Dieser Satz ist bei Quine mit einer Fußnote versehen, die auf Wilson verweist, der in einem kurz zuvor erschienenen Aufsatz als Benennung für eine Herangehensweise, die die Argumente des Gegenübers möglichst wohlwollend betrachtet und schlüssig zusammenfügt, „principle of charity“ vorschlägt. Auf diese Stelle wiederum verweist Davidson, wenn er in seinen Aufsätzen das Konzept des „principle of charity“ eingehend betrachtet und als Anforderung für die Verständlichkeit von Aussagen weiterentwickelt.

Genau daran knüpfe ich hier an. Wenn ich im Weiteren von Nachsichtigkeit spreche, ist nicht die Nachsicht des Klugen mit dem (noch) Dummen gemeint, sondern der bescheidene, demütige Umgang mit dem erreichten Stand des gegenseitigen Verstehens. Nachsichtig ist jeder dabei vor allem auch mit sich selbst. Nachsichtigkeit im Sinne von Agape bedeutet zudem, dass jeder den anderen als Spendenden versteht und am Gelingen des gemeinsamen Verstehens (wie eines gemeinsamen Mahls) mitwirken möchte.[2]

Die Nachsichtigkeit ist mit der Wahrhaftigkeit verwandt, von der im ersten Kapitel bereits die Rede war. Wenn ich voraussetze und vermute, dass mein Gesprächspartner wahrhaftig ist, dass er nicht lügt und dass er das zu sagen beabsichtigt, wovon er wirklich überzeugt ist (oder was er vermutet, befürchtet, erhofft …), dann folgt daraus selbstverständlich, dass wir nachsichtig miteinander sein müssen, wenn wir Aussagen nicht verstehen oder die angegebenen Gründe nicht akzeptieren können. Nachsichtigkeit bedeutet, dass jede beteiligte Person versucht, die noch fehlende Brücke zwischen Begründung und Aussage zu bauen, um die Begründung als Grund verstehen und akzeptieren zu können. Nachsichtigkeit bedeutet, dass wir die Gemeinsamkeiten suchen oder auch herstellen, die fehlen, um die Verbindung zwischen Grund und Aussage zu schaffen. Wie das vernünftig möglich ist, wird in den nächsten Kapiteln zum Thema werden.

Das Prinzip der Nachsichtigkeit umfasst aber mehr als das Schließen der Lücke zwischen der geäußerten und gehörten Meinung und ihrer Begründung. Es bedeutet vor allem auch zu versuchen, in jeder Äußerung und auch in der Art der Äußerung den gemeinten Sinn zu verstehen. Dazu ein Beispiel: Alice sagt: „Politikern kann man nicht trauen.“ Und gleich darauf verkündet sie: „Annalena Baerbock ist ein ehrlicher Mensch, der vertraue ich.“ Ohne das Prinzip der Nachsichtigkeit würde Bob hier möglicherweise darauf hinweisen, dass die beiden Sätze sich widersprechen, und darauf bestehen, dass Alice ihre Formulierungen so abändert, dass dieser Widerspruch verschwindet. Da Bob aber dem Prinzip der Nachsichtigkeit folgt, wird er erkennen können, dass gerade in der Kombination dieser beiden Sätzen, die ja beide Meinungen von Alice zum Ausdruck bringen, eine vernünftige, begründbare Sicht von Alice auf die politische Wirklichkeit zum Ausdruck kommt. Diese Sicht kann am besten in zwei Sätzen zum Ausdruck gebracht werden, die widersprüchlich erscheinen, wenn man sie auf formale Logik zu reduzieren versucht. In einer Logik der Meinungen und des alltäglichen Gesprächs sind die Sätze aber sinnvoll miteinander vereinbar.

Es ist also gut, sich zu vergegenwärtigen, dass der erste Satz, als *Erwartung* verstanden, bedeutet: „Jedem Politiker, von dem ich zum ersten Mal etwas höre, begegne ich mit Misstrauen.“ Während der zweite Satz verstanden werden kann als „Annalena Baerbock hat sich bisher auch als Politikerin als vertrauenswürdig erwiesen, und ich hoffe, dass das so bleibt“. Bob als nachsichtiger Gesprächspartner wird vielleicht nachfragen, ob Alices Aussagen auf diese Weise miteinander zu vereinbaren sind. Er wird aus beiden Aussagen zusammen erkennen, dass Alice von Politikern grundsätzlich keine Ehrlichkeit erwartet und wohl auch der Meinung ist, dass es vernünftig ist, Politikern zu misstrauen, dass sie aber gleichwohl Fälle gelten lässt, in denen Vertrauen möglich und angemessen ist. Aus den widersprüchlich erscheinenden Aussagen kann Bob über die reinen Tatsachenbehauptungen hinaus einiges über Alice lernen, was für das weitere Gespräch zu politischen Themen wertvoll sein wird: Alice würde sich wünschen, dass Politiker ehrlicher sind, und sie hält das nicht für ausgeschlossen, wie sie bei Annalena Baerbock zu sehen meint.[3]

Nachsichtig sein heißt keineswegs, dem Gesprächspartner Widersprüchliches oder Unverständliches einfach durchgehen zu lassen, weil man ihm nicht wehtun will oder keinen Streit provozieren möchte. Es bedeutet, zunächst einmal anzunehmen, dass das, was widersprüchlich klingt, gerade durch die widersprüchliche Formulierung einen Sinn hat, der sich in Aussagen, die keine Widersprüche enthalten, nicht ohne Weiteres ausdrücken lässt. Wenn man diesen Sinn nicht versteht, kann man nachfragen, und wenn man ihn zu verstehen glaubt, aber nicht sicher ist, ebenfalls. Ebenso gehört zur Nachsichtigkeit, für Schlussfolgerungen, die man nicht nachvollziehen kann, nach den fehlenden Gemeinsamkeiten zu suchen, bevor man den Zusammenhang ganz verwirft.

Was im Streit zum Gegenstand wird, ist eine Meinung oder eine Erwartung. Diese Wörter sind geeignet, das zu benennen, was umstritten ist, weil sie wichtige Merkmale des Strittigen sofort augenscheinlich machen: Meinungen und Erwartungen sind niemals direkt und unmittelbar überprüfbar. Sie betreffen oft Zukünftiges, im gewissen Sinne vielleicht immer Zukünftiges. Sie sind persönlich. Und sie sind, auch wenn wir ihrer ziemlich sicher sind, niemals ganz gewiss.

Um dies zu verdeutlichen, seien hier zunächst einige Beispielsätze für solche Meinungsäußerungen genannt:

„Man kann nicht einmal mehr der Tagesschau voll vertrauen."

„Ich fürchte, Trump wird die nächsten Wahlen gewinnen."

„Hoffentlich gibt es bald Neuwahlen und dann kommen endlich andere an die Macht."

Wenn wir mit Meinungen entsprechend des Prinzips der Nachsichtigkeit umgehen, ist es selbstverständlich, dass wir weder das Persönliche in diesen Meinungen ignorieren noch verlangen, dass es irgendwie aus den Meinungsäußerungen eliminiert werden muss. Nicht immer ist das Persönliche der Meinung schon im Satz ausdrücklich erkennbar, nicht immer steht da ein „Ich" – aber wir können voraussetzen, dass eine Meinungsäußerung eben immer eine persönliche Äußerung ist. Der Sinn des ersten Satzes meiner Beispiele ist mit dem Satz „Ich meine, dass man nicht einmal mehr der Tagesschau voll vertrauen kann" identisch. Wenn man jemanden, der einen der oben genannten Beispielsätze sagt, fragen würde: „Ist das deine Meinung?", würde der wohl meistens antworten: „Ja, natürlich!"

Was ist eine Meinung?

In der Geschichte der Philosophie hat die Meinung einen schweren Stand. Sie ist so etwas wie die kleine, schmuddelige Schwester des Wissens. Oft spricht man von „bloßer Meinung" und will damit sagen, dass die Meinung eine unbefriedigende, mangelhafte Form des Überzeugt-Seins ist.

Bevor ich mich an eine Aufwertung der Meinung wage, müssen wir einen genaueren Blick auf die innere

Struktur der Meinung werfen. Ich hatte schon gesagt, dass die Meinung etwas unhintergehbar Persönliches hat. Ich bin es, du bist es oder eine bestimmte Person ist es, die eine Meinung hat. Wenn man vom Wissen spricht, dann betont man gern dessen objektiven Charakter. Wissen ist etwas, das auch in klugen Büchern stehen kann, das gelernt werden kann und das – als Wissen der Menschheit – irgendwie ständig wächst. Es wäre ein anderes Unternehmen, diesen Begriff des Wissens kritisch zu reflektieren. Hier ist aber eines klar: So etwas ist Meinung nicht. Es ist immer jemand, der eine Meinung hat. Auch wenn eine Person sagt „Wir meinen, dass …“, beansprucht sie damit, dass sie für eine Gruppe von Einzelnen spricht, die eben das meinen.

Allerdings sprechen wir auch davon, dass eine Meinung „herrscht“ oder „verbreitet ist“. Zudem gibt es auch noch die berüchtigte Rede vom „man meint, dass …“. Ich will hier für den Moment annehmen, dass diese Ausdrucksweisen nur behaupten sollen, dass die genannte Meinung von vielen Menschen vertreten wird. Genau genommen kommt hier nur eine Meinung über Meinungen zum Ausdruck: Wenn jemand sagt „Man meint im Allgemeinen …“, dann will er damit zum Ausdruck bringen, dass er meint, dass viele andere etwas meinen. Um die Konsequenzen von herrschenden Meinungen für den Meinungsstreit wird es im nächsten Kapitel gehen.

Meinungen sind also notwendig persönlich. Damit geht einher, dass eine Meinung auch immer eine persönliche Einstellung zu einem Inhalt zum Ausdruck bringt. Die Meinung ist persönlich moduliert, könnte man sagen. Eine Meinung behauptet einen Inhalt und bewertet die-

sen Inhalt zugleich. Das ist die Struktur der Meinung, sie ist gleichzeitig Behauptung und Bewertung.

Das gilt auch, wenn Bob sagt „Ich sage das mal ganz wertfrei" oder „Das soll gar keine Bewertung sein". Auf jeden Fall bestätigt eine solche Versicherung, dass eine Meinungsäußerung eben normalerweise immer eine Stellungnahme zum geäußerten Sachverhalt ist. Die Versicherung, die Meinung werde wertfrei vorgetragen, zeigt zudem, dass Bob die Sache zumindest nicht egal ist. Vielleicht ist er hinsichtlich der Bewertung noch unsicher, oder er befürchtet, dass Alice, der er seine Meinung mitteilt, sich in ihrer Antwort vor allem mit der Bewertung der Sache durch Bob und nicht so sehr mit dem Sachverhalt selbst befasst.

Der Begriff der Bewertung muss hier in einem sehr weiten Sinn verstanden werden. Es geht keineswegs nur oder immer darum, den Sachverhalt zu befürworten oder abzulehnen. Meinungen als Erwartungen drücken Sorgen oder Hoffnungen, Befürchtungen oder Wünsche aus.

Häufig betrifft die Meinung etwas, das man für möglich hält. Ob der Sachverhalt tatsächlich bereits eingetreten ist, wird mit einer Meinung selten behauptet. Die Bewertung modifiziert den Behauptungsteil der Meinung, sie macht die Äußerung zu einer individuellen, persönlichen Mitteilung. Aus einer Aussage über die Wirklichkeit wird eine subjektive Sicht, aufgeladen mit den Vorstellungen des Sprechers von einer guten Welt und der Bewertung der tatsächlichen Welt.

Es wäre unsinnig, zu versuchen oder zu fordern, diese persönliche Färbung oder Modulation aus einem Gespräch herauszuhalten oder zu eliminieren – die persönliche Sicht macht ja den Streit überhaupt notwendig und gibt ihm zugleich ein Ziel. Notwendig ist vielmehr, diese persönliche Perspektive ausdrücklich zur Sprache zu bringen und Einigkeit darüber zu erzielen, wie sich die bewertende Modulation auf den Umgang des Sprechers mit der Wirklichkeit auswirkt. Diese Einigkeit dürfte zumeist wichtiger sein als die Einigkeit über Tatsachen.

Um das genauer zu verstehen, müssen wir mögliche Strukturen von Meinungen hinsichtlich ihres behauptenden Aspekts genauer ansehen. Das wird helfen, die Meinungen von anderen im Streit zu beurteilen und angemessen zu reagieren.

Es gibt Meinungen, die einen konkreten Einzelsachverhalt betreffen, etwa die Wahl von Donald Trump zum amerikanischen Präsidenten. Solche Meinungen können immer als Erwartungen aufgefasst werden, selbst wenn das Ereignis schon in der Vergangenheit liegen würde. Über die Wahl Donald Trumps zum Präsidenten im Jahre 2016 kann natürlich kaum eine Meinungsverschiedenheit bestehen – er ist ja gewählt worden. (Natürlich gibt es auf gewisse Weise auch dazu unterschiedliche Meinun-

gen. Jemand könnte nämlich sagen: „Das kommt darauf an, was man unter ‚Wählen' versteht!") Normalerweise haben wir eine Meinung bezüglich eines Ereignisses in der Vergangenheit, wenn wir über dieses Ereignis nichts Genaues wissen, aber erwarten, dass sich dazu etwas herausstellen könnte. Auch das ist also eine Erwartung. Alice könnte also der Meinung sein, dass Trump seine damalige Wahl manipuliert hat. Das bedeutet: Sie wäre nicht überrascht, wenn sich genau das herausstellen würde; im Gegenteil, sie wäre überrascht und würde es womöglich sogar bezweifeln, wenn sich herausstellte, dass er die Wahl nicht manipuliert hätte.

Sodann gibt es Meinungen, die eine allgemeine Aussage über ein konkretes Subjekt machen. Bob könnte die Meinung äußern, dass Donald Trump ein Lügner sei, Alice könnte der Meinung sein, dass Robert Habeck fleißig sei. Auch damit wird jeweils eine Erwartung formuliert, nämlich, dass man von Trump keine Wahrheiten und von Habeck keine Faulheit erwartet.

Schließlich gibt es allgemeine Aussagen über bestimmte Klassen von Subjekten. Bob könnte der Meinung sein, dass Politiker keine Ahnung vom alltäglichen Leben der Bürger hätten. Alice könnte der Meinung sein, dass die Medien die Wahrheit herausfinden und berichten wollten. Auch in diesen Fällen drückt sich eine Erwartung aus.

Allgemeine Meinungen

An dieser Stelle muss ein wichtiges Merkmal allgemeiner Meinungen erwähnt werden, das in der herkömmlichen Logik schwer abzubilden ist: Sie sind keine All-Aussagen. Wir hatten das weiter oben schon angedeutet. Die Aussage „Trump ist ein Lügner" bedeutet nicht, dass Trump immer lügt. „Politiker sind machtbesessen" bedeutet nicht, dass alle Politiker ihre Handlungen nur am Erhalt und an der Erweiterung ihrer Macht ausrichten. Beide Sätze geben Auskunft über die Erwartungen des Sprechers: Von Trump erwartet er keine Wahrheit, von Politikern erwartet er nur Interesse an der Macht. Jeder Aussage von Trump wird er mit Misstrauen begegnen, in jeder Handlung eines Politikers wird er den Machtbezug suchen. Sollte ein Ereignis eintreten, das die Erwartung nicht bestätigt, so bedeutet das keineswegs, dass in der Folge die Erwartung oder die Meinung als falsch eingestuft werden.

Eine Erwartung stützt sich auch nicht ausschließlich auf Erfahrungen, sie ist kein induktiver Schluss. Erwartungen werden sowohl von Erfahrungen gestützt als auch von Vorstellungen darüber, wie die Wirklichkeit ist. Ihnen liegt sozusagen eine Modellvorstellung von Wirklichkeit zugrunde. Wie auch in den Wissenschaften müssen diese Modelle nicht durch Erfahrung gestützt sein. Modelle können ganz der kreativen Erfindergabe eines Menschen entspringen, sie sind – für den Einzelnen oder für eine Gemeinschaft – plausible Vorstellungen darüber, wie die Wirklichkeit funktioniert. Wenn man einmal zu der Überzeugung gekommen ist, dass die Wirklichkeit so funktioniert, dass Politiker machtbesessen sind, dann wird man an dieser Erwartung festhalten, auch wenn man immer wieder Politikern begegnet, die auch aus anderen Beweggründen als ihrer eigenen Machterhaltung oder -ausdehnung handeln.

Im Streit besteht die Gefahr, die allgemeine Meinung mit Meinungen über konkrete Einzelsachverhalte zu vermischen oder ohne Nachsicht miteinander in Beziehung zu setzen. Das gilt sowohl für die Person, die die Meinung vertritt, als auch für die, die sie hört und darauf mit einem Argument reagiert. Deshalb ist es wichtig, das Verhältnis zwischen diesen beiden Typen von Meinungen ganz genau zu durchdenken. Betrachten wir dazu noch ein weiteres, einfaches und unverfängliches Beispiel.

Unter den meisten Menschen dürfte Einigkeit darüber bestehen, dass Menschen zweibeinige Lebewesen sind. Man wird dies vielleicht nicht einmal als Meinung betrachten, sondern als schlichte Tatsache. Wer sie in Zweifel zieht, dürfte oft Unverständnis ernten. Die Überzeugung, dass Menschen Zweibeiner sind, ist sowohl durch tägliche Beobachtung von Kindheit an täglich belegt als auch durch medizinisches und biologisches Wissen vielfältig verstanden. Wir haben nicht nur die Erfahrung, sondern auch Theorien und wissenschaftliche Modelle, die die Zweibeinigkeit erklären und die mit der Erfahrung des Alltags wunderbar zusammenpassen.

Genauso weiß aber fast jeder Mensch – ebenfalls aus Erfahrung – dass es Menschen gibt, die nicht zwei Beine haben. Niemand würde diesen das Menschsein absprechen. Obwohl wir die Zweibeinigkeit als Wesensmerkmal von Menschen betrachten, können wir es akzeptieren, dass einzelne Menschen eben nicht zwei Beine haben. So ist es natürlich auch mit allen anderen Merkmalen, die wir selbstverständlich als Wesensmerkmale des Menschen ansehen, etwa die Fähigkeit, zu sprechen und zu denken.

Schauen wir uns den Fall genauer an: Wenn wir Menschen auf zwei Beinen begegnen, sind wir nicht überrascht, wir fragen nicht nach der Ursache ihrer Zweibeinigkeit – jedenfalls nicht in jedem einzelnen Fall. Die Frage, warum Menschen grundsätzlich zwei Beine haben, kann natürlich durchaus interessant sein. Wenn Bob zu Alice über eine dritte Person sagen würde, dass er der Meinung sei, dass diese zwei Beine habe, wäre Alice vermutlich irritiert, sie würde kaum nach einer Begründung für diese Meinung fragen, eher nach dem Grund, warum Bob das eigens erwähnt.

Umgekehrt fragen wir aber durchaus nach Gründen, wenn wir beobachten, dass jemand nicht zwei Beine hat. Dafür, so meinen wir, muss es einen Grund geben, etwa einen Unfall oder eine Erkrankung, die zu einer Operation geführt hat. Auch wenn Bob zu Alice sagen würde, dass er der Meinung sei, eine andere Person habe nur ein Bein, würde es sinnvoll und verständlich sein, dass Alice nach den Gründen für diese Meinung fragt.

Wir sehen also an diesem einfachen Beispiel, dass allgemeine Meinungen nicht auf jeden Einzelfall zutreffen müssen, dass es immer Ausnahmen geben kann, also Einzelfälle, die nicht unter die Überzeugung der allgemeinen Meinung fallen. Allerdings muss sich jemand, der eine allgemeine Meinung vertritt, gefallen lassen, dass er eine Begründung angibt, wenn Einzelfälle dieser Meinung widersprechen.

Schauen wir uns nun ein etwas komplizierteres Beispiel an. Bob vertritt die Meinung, dass Politiker unehrlich seien und selten wirklich das sagen, was sie denken. Nun sprechen Bob und Alice über eine konkrete Politikerin und Bob ist der Meinung, dass diese Politikerin eine „ehrliche Haut“ sei, die tatsächlich immer sagt, was sie denkt. Von Alice darauf angesprochen, dass diese Meinung doch mit seiner allgemeinen Meinung über Politiker kollidieren würde, sagt Bob, es gäbe eben auch Ausnahmen, und das sei so eine Ausnahme. Kann man es dabei bewenden lassen?

Für Bob mag die Unehrlichkeit von Politikern genauso eine Selbstverständlichkeit sein wie die Zweibeinigkeit von Menschen. Es mag ihm absurd erscheinen, diese Meinung überhaupt begründen zu müssen. Wir hatten an dem Beispiel der Zweibeinigkeit des Menschen aber gesehen, dass es für die selbstverständliche allgemeine Meinung durchaus Begründungen gibt, dass diese aber im Laufe eines Lebens tausendfach gegeben werden. Da sind zum einen die täglichen Beobachtungen von Menschen mit zwei Beinen, da sind aber auch die Kenntnisse der wissenschaftlichen Theorien aus dem Biologieunterricht, das Wissen darüber, dass die Menschen evolutionsgeschichtlich Vorteile aus dem aufrechten Gang auf zwei Beinen gewonnen haben usw. All dieses Wissen, das Bob als Begründungen angeben könnte, wenn er nicht sicher wäre, dass Alice dieses Wissen ebenfalls hat, stützt seine allgemeinen Überzeugungen. Wie sieht es damit nun bei der Meinung über die mangelnde Ehrlichkeit der Politiker aus? Zunächst fällt auf, dass wir diese Eigenschaft nicht so einfach beobachten können wie die Zahl der Beine eines Menschen. Ob jemand ehrlich ist, wenn er etwas sagt, kann ich gerade nicht unmittelbar beobachten, es sei denn, er wäre ein schlechter Lügner. Bob deutet vielleicht die meisten Äußerungen von Politikern als unehrlich, weil er grundsätzlich schon meint, diese würden eben prinzipiell nicht ehrlich sein. Seine Beobachtung von Politikeräußerungen ist schon durch seine Theorie von Politikern geprägt. Das wäre aber gerade so, als wenn wir die Überzeugung, jeder Mensch habe zwei Beine, ganz unabhängig von konkreten Beobachtungen einzig aus den Theorien ableiten würden.

Natürlich ist es sinnvoll und hilfreich, dass wir auch Theorien, genauer gesagt, Modelle, zu allgemeinen Zusammenhängen in der Welt haben, deren empirische Selbstverständlichkeit nicht offensichtlich ist – und dass wir uns in unseren Meinungen dann eher auf die Modelle stützen als auf die direkte Beobachtung. Diese Modelle müssen auch keinen wissenschaftlichen Anspruch haben, sie können ganz allgemeine Vorstellungen über Zusammenhänge und Voraussetzungen etwa der politischen und der gesellschaftlichen Wirklichkeit sein. Bob könnte der Meinung sein, dass die politische und mediale Welt so funktioniert, dass kein Politiker zu Einfluss und Macht kommen könnte, der ehrlich ist, sodass in diesem System nur unehrliche Leute existieren könnten. Er kann vorbringen, dass eine Person, die im politischen Betrieb vorankommen will, nicht einfach ihre eigene, ehrliche Meinung sagen kann, sondern das sagen muss, was Parteikollegen, die Medien und die Bevölkerung hören wollen, und dass das Abwägen, welche politische Aussage gerade die nützlichste ist, auf Dauer jeden Politiker zum unehrlichen Menschen machen muss. Das mag einleuchten, und im Rahmen einer solchen Modellvorstellung ist auch erklärbar, dass eine einzelne konkrete Politikerin sich durch glückliche Umstände, Charisma und Geschick womöglich die Ehrlichkeit erhalten und dennoch politisch erfolgreich sein könnte, sodass eine Ausnahme eben die Richtigkeit der allgemeinen Meinung nicht gefährdet.

Allerdings besteht auch die Gefahr, dass Bob sich mit seiner allgemeinen Meinung gänzlich immun macht gegen noch so viele empirische Gegenbeispiele. Das gilt immer, wenn es um eine Meinung geht, die sich empirisch auch im Einzelfall ohnehin nur schwer bestätigen oder widerlegen lässt. Auch dass die konkrete Politikerin unseres Beispiels wirklich ehrlich ist, ist ja nicht gewiss, sondern nur eine Deutung ihres Verhaltens. Bob kann, wenn ihm immer wieder Politiker begegnen, die im Einzelgespräch den Eindruck von Ehrlichkeit vermitteln, auch die Meinung vertreten, dass diese vielleicht nur besonders geschickt täuschen und schauspielern könnten.

Des Weiteren kann er sich darauf zurückziehen, dass er die allermeisten Politiker ohnehin nicht gut genug kennt, um Täuschung von Ehrlichkeit zu unterscheiden. Selbst wenn alle Politiker, die er irgendwie beobachten kann, einen ehrlichen Eindruck machen, könnte er seine allgemeine Meinung über Politiker, die auf seiner plausiblen Modellvorstellung über den politischen Betrieb beruht, weiter vertreten.

Das, was hier am Beispiel einer allgemeinen Meinung über Politiker gesagt wurde, gilt für eine Vielzahl ähnlich strukturierter Meinungen über gesellschaftliche Sachverhalte. Man kann der Meinung sein, dass Unternehmer grundsätzlich steuerhinterziehende Betrüger sind, die nur ihre Gewinnmaximierung im Sinn haben, auch wenn man nur Unternehmer kennt, die hart arbeiten, ehrlich sind und sich sozial engagieren – weil man eine ökonomische Theorie über den Kapitalismus hat, eine Modellvorstellung, nach der Unternehmer entsprechend agieren müssen, um erfolgreich zu sein. Man kann Leute aus bestimmten Stadtteilen, sozialen Schichten oder Regionen prinzipiell für dumm und faul halten, weil man die Theorie hat, dass deren soziale Situation dies zwingend hervorbringt, auch wenn man viele von ihnen persönlich kennt, die intelligent und fleißig sind. Man kann auch meinen, dass hohe Bildung und Kultur vor nationalsozialistischen Einstellungen schützen, auch wenn die deutsche Geschichte viele hochgebildete und kunstsensible Nazis kennt.

Sagt das, dass die menschliche Logik, in der allgemeine Meinungen und Meinungen über Einzelfälle im Widerspruch stehen können und dennoch zusammen eine vernünftige Wahrheit aussprechen können, falsch ist? Keineswegs. Es kann durchaus sinnvoll sein, sich mit allgemeinen Meinungen, die auf plausiblen Theorien und Modellen über die Gesellschaft basieren, zunächst in der unübersichtlichen Wirklichkeit zu orientieren. Skepsis gegenüber Aussagen von Politikern ist genauso sinnvoll wie die Annahme, dass Unternehmer versuchen, ihre Gewinne zu maximieren. In einem guten Streit kann man z. B. über die Plausibilität solcher Modelle diskutieren, man kann alternative Modelle ins Spiel bringen, die zeigen, dass die gesellschaftliche Realität auch anders verständlich werden kann und dass Gegenbeispiele Hinweise sind, die zeigen, dass die Wirklichkeit der menschlichen Gesellschaft zumeist komplexer ist, als eine plausible einfache Theorie erwarten lassen würde.

Modelle oder Theorien über die Welt basieren darauf, dass man meint, es gäbe Kategorien von Menschen, die auf gewisse Weise in ihrem Wesen durch ihre Position geprägt wären. Zum Wesen des Politikers gehört die Unehrlichkeit, zum Wesen des Unternehmers das Profitstreben. Wer in der Politik aktiv ist, muss demzufolge wesentlich unehrlich sein, wer ein Unternehmen besitzt und leitet, muss wesentlich gewinnbesessen sein. Wer sich nicht entsprechend diesen wesentlichen Eigenschaften verhält, wird folglich früher oder später scheitern.

Die Alternative zu dieser Denkweise wäre, auf solche Definitionen des „Wesentlichen" zu verzichten. Es gibt nicht *die* wesentliche Eigenschaft, die den Politiker kennzeichnet, so, wie es nicht *die* wesentliche Unternehmereigenschaft gibt. Was eine einzelne Person in ihrer Rolle erfolgreich macht, ist eine ganz individuelle Kombination von Eigenschaften und Besonderheiten, die mehr oder weniger zufällig in bestimmten Situationen zu passenden Ergebnissen führt. Auch das ist plausibel, es macht die Welt aber ungeheuer komplex und schwer verständlich. Man kann eigentlich keine allgemeinen Prozesse mehr erkennen und verstehen, sondern nur noch ganz individuelle Ereignisse und Entwicklungen. Eine politische Situation oder eine ökonomische Herausforderung schnell zu beurteilen, ist dann fast unmöglich. Deshalb ist es vermutlich für die meisten Menschen, die handeln wollen, unumgänglich, gewisse Modellvorstellungen, Theorien und allgemeine Meinungen zu haben. Im guten Streit wird man allerdings eingestehen, dass die allgemeine Meinung zwar nützlich ist, um schnell entscheiden zu können, dass sie aber im konkreten Fall oft danebenliegen kann.

Die Meinung als Hypothese

Bedenkt man, dass Meinungen immer aus einer mehr oder weniger konsistenten Modellvorstellung oder Theorie über die Wirklichkeit abgeleitet werden, die durch empirische Erfahrungen einigermaßen gestützt, aber nie ganz bewiesen werden können, dann sieht man, dass die Behauptung, die in der Meinung steckt, immer die logische Struktur einer Hypothese hat, wie sie auch in den Wissenschaften verwendet werden. Auch Hypothesen ergeben sich aus Modellvorstellungen und Erfahrungen. Man kann umgekehrt sagen: Hypothesen sind Meinungen ohne die Modulation durch eine Bewertung oder Stellungnahme. Zumindest sollte es so sein. Wir erwarten, dass Forscherinnen und Wissenschaftler hinsichtlich ihrer Hypothesen keine Sorgen oder Hoffnungen, keine Wünsche und Befürchtungen haben, denn das würde ihr wissenschaftliches Arbeiten womöglich beeinflussen. Natürlich ist das in der realen Wissenschaft oft anders. Wer ein bestimmtes Forschungsprogramm verfolgt, in das Geld, Ressourcen und viel Arbeitskraft investiert wurde, hofft, dass die Hypothesen auch bestätigt werden, oder fürchtet, dass sie sich als falsch herausstellen. Genauer können wir also sagen: Wissenschaften sollten über Mechanismen verfügen, durch welche die Sorgen und Hoffnungen der Wissenschaftler hinsichtlich ihrer

Hypothesen unwichtig werden. Das unterscheidet die wissenschaftlichen Hypothesen von Meinungen. Hängen das weitere Leben, die Reputation oder sogar die gesellschaftlichen Werte einer Wissenschaftlerin davon ab, dass Hypothesen sich in der Wirklichkeit bewähren, dann kann es schnell passieren, dass diese ihren wissenschaftlichen Charakter verlieren; der wissenschaftliche Diskurs wird dann tatsächlich zum bloßen Meinungskampf. Wissenschaftlerinnen und Forscher müssen deshalb zu ihren Gegenständen eine gewisse professionelle Distanz bewahren können, sodass es ihnen im Grunde gleichgültig ist, ob eine Hypothese sich als zutreffend oder falsch herausstellt.

Das ist uns jedoch außerhalb der Wissenschaften nicht möglich, denn die Konsequenzen dessen, was unsere Meinungen sagen, betreffen uns. Wir können über die Wirklichkeit, über die wir mit unseren Meinungen streiten, nicht mit der puren Neugier einer Wissenschaftlerin nachdenken oder diskutieren – unser weiteres Leben, unser Zusammenleben in dieser Welt, die Frage, ob wir glücklich und zufrieden sein werden, hängt davon ab. Wir können deshalb den bewertenden Aspekt der Meinung nicht aus der Diskussion aussperren. Man kann sogar sagen, dass wir über unsere Meinungen gar nicht diskutieren würden, wenn sie nicht mit Sorgen oder Hoffnungen verbunden wären. Dazu später.

So gesehen sind Meinungen für unser tägliches Zusammenleben viel wichtiger als Wahrheiten. Letztere können wir den Wissenschaften zur Klärung überlassen, aber über unsere Meinungen müssen wir streiten. Dabei ist sicherlich ein Aspekt, dass wir über den Wahrheitsgehalt dessen, was die Meinung behauptet, diskutieren müssen. Wir werden sehen, dass auch das nicht so einfach ist wie in den Wissenschaften. Meinungen werden nie zu Wahrheiten, auch wenn wir uns noch so sehr bemühen. Wichtiger aber ist, dass wir über die Berechtigung von Sorgen und Hoffnungen diskutieren müssen. Und das ist noch schwieriger. Zur Nachsicht, zum Prinzip der Nachsichtigkeit, das wir beim guten Streit beachten müssen, gehört, anzuerkennen, dass der Inhalt der Meinung den Streitenden niemals gleichgültig ist, dass Streiten kein Spiel ist, dass es um Werte und das Selbstverständnis als Mensch geht.

Zur Logik, zum vernünftigen Sprechen, gehört, dass man bereit ist, Gründe für seine Aussagen anzugeben. Diese Gründe müssen aber wenigstens so sein, dass man vermuten kann, dass der andere sie als Begründung akzeptiert. Wer wahrhaftig ist, muss auch nachsichtig sein: Er weiß, dass es zwischen Begründung und Aussage oft eine Lücke gibt, die aus Gemeinsamkeiten der Diskussionsteilnehmer erst geschlossen werden muss. Zudem wird er vermuten, dass alle Äußerungen des Gesprächspartners – sowohl die Meinungen als auch die Begründungen – sinnvoll verstanden werden können, auch wenn sie mit der eigenen Sprachpraxis nicht zusammenpassen. Ein wahrhafter und nachsichtiger Streit wird nicht mit dem Ziel geführt, die Sprachpraxis des anderen zu korrigieren, sondern den Sinn seiner Äußerungen zu verstehen und die Lücken zwischen seinen Begründungen und den geäußerten Meinungen zu schließen.

Eine notwendige Gemeinsamkeit ist, dass eine gemeinsame Vorstellung davon existiert, wie es zu Ereignissen in der Wirklichkeit kommen kann und welche Gründe als Begründungen für Meinungen dienen können. Nehmen wir wiederum als Beispiel, dass Alice fürchtet, dass Trump die nächste Wahl gewinnt. Welcher Art sind die Gemeinsamkeiten zwischen Bob und Alice, die benötigt
 werden, damit Bob die Begründungen von Alice akzeptieren kann? Wohl gemerkt, es geht noch gar nicht darum, den Grund wirklich als ausreichend für die Aussage, die begründet werden soll, anzunehmen und somit auch der Aussage zuzustimmen. Schon das Akzeptieren von Gründen ist ein vielstufiger Prozess, und damit Bob der Befürchtung von Alice auch zustimmt, ist eine Reihe von Gemeinsamkeiten nötig.

Kausalität

Nehmen wir an, Alice hätte als Grund angegeben, dass die Zustimmungswerte für Trump hoch seien, obwohl er eine schlechte Politik gemacht habe. Die Gemeinsamkeit, die Alice und Bob auf jeden Fall brauchen, damit Bob diese Begründung für die Vermutung akzeptiert, dass Trump wieder zum Präsidenten gewählt wird, ist, dass hohe Zustimmungswerte zu einem Politiker zu seiner Wiederwahl führen werden. Das scheint nicht viel zu sein. Wichtig ist, dass hier zum ersten Mal das ins Spiel kommt, was gemeinhin als Kausalität bezeichnet wird.

Kausalität bezeichnet den Zusammenhang von Ursache und Wirkung, von Grund und Folge. Für das begründete Sprechen ist Kausalität in zweierlei Bedeutung notwendig. Einerseits gibt es Kausalität zwischen Überzeugungen, wobei bestimmte Überzeugungen Gründe für andere Überzeugungen sind. Eine Meinung als Überzeugung gründet sich auf andere Überzeugungen, am Ende auf Überzeugungen zu Tatsachen, die faktisch in der Welt gegeben sind. Alice und Bob sind über gewisse Tatsachen einig, sie sind beide der Meinung, dass diese Tatsachen wirklich gegeben sind. Tatsachen, Überzeugungen und Meinung hängen zusammen, das eine bedingt das andere kausal. Auf der anderen Seite gibt es Kausalität auch in der Realität. Alice und Bob brauchen gemeinsame Vorstellungen davon, wie die Gesellschaft funktioniert: Wer von vielen Leuten gewählt wird, hat Aussichten darauf, Präsident zu werden. Wenn Bob das bezweifelt, ist die Menge der Gemeinsamkeiten sehr gering und es ist fraglich, ob die beiden in begrenzter Zeit überhaupt Einigkeit über mögliche Ereignisse in der Gesellschaft erzielen können. Wir werden auf die vielfältigen Ausprägungen dieser Art von Gemeinsamkeit zurückkommen.

Für den Moment halten wir aber vor allem fest, dass ein Grund dann als Begründung in Frage kommt, wenn dem, der den Grund fordert, einleuchtet, dass es eine Verknüpfung zwischen Grund und Aussage gibt, nach der der Grund das wahrscheinlich macht, was begründet und ausgesagt wird. Warum es diese Verknüpfung gibt, ist dabei ganz belanglos, wichtig ist allein, dass die beiden, Bob und Alice, darüber einig sind, dass es diese Verknüpfung gibt. Es ist noch nicht einmal notwendig, dass sie die Existenz dieser Verknüpfung erklären oder auch nur benennen können.

Das klingt merkwürdig. Wir kennen Systeme solcher kausalen Verknüpfungen, die die Autorität beanspruchen, die richtigen, objektiv geltenden Regeln der Kausalität zu kennen. Sie stützen sich auf die Wissenschaft und die mathematische Logik und auf eine lange Tradition der Untersuchung formaler logischer Schlussregeln. Allerdings müssten wir für diese Systeme, um ihre Autorität zu akzeptieren, zunächst selbst nachweisen oder wenigstens plausibel machen können, dass sie in dem Bereich des Sprechens, in dem wir unsere Diskussion gerade führen, die angemessenen Regeln bereitstellen. Zunächst können wir uns deshalb damit behelfen, dass wir einfach annehmen, dass wahrhaftige und nachsichtige Sprecher über ihre einleuchtenden Weisen des Schließens weitgehend einig sind.

Gleiche und ähnliche Gründe

In diesem Kapitel geht es um einen Aspekt des vernünftigen Sprechens, der recht einfach zu sein scheint: die Stabilität oder Kontinuität der Begründungen. Die These lautet: Für gleiche Aussagen müssen immer wieder gleiche Begründungen gegeben werden, für ähnliche Aussagen müssen ähnliche Begründungen gegeben werden. Umgekehrt muss beim Vorliegen gleicher oder ähnlicher Gründe vermutet werden können, dass jemand gleiche oder ähnliche Meinungen und Erwartungen aus diesen Gründen ableitet.

Warum ist diese Kontinuitätsaussage so wichtig? Egal, wie genau die Menschen sich die Kausalität der Gründe vorstellen, Gründe können nur Begründungen sein, wenn sie als Ursachen immer wieder die gleichen Ergebnisse hervorrufen, und wenn sich bei kleinen Änderungen der Ursachen auch die Ergebnisse nicht sehr stark ändern. Klar ist: Wir kennen die Ursachen nie ganz detailliert, wir wissen sogar, dass das, was etwas anderes verursacht, nie ganz exakt zweimal auf genau die gleiche Weise passiert. Wenn wir trotzdem verlässlich mit dem, was passiert, umgehen wollen, dann muss Ähnliches, das sich kaum merklich von anderem unterscheidet, normalerweise auch zu Ergebnissen führen, die sich nur wenig von dem Ergebnis des anderen unterscheiden. Wir können das als die Stabilität oder Kontinuität der Ursache-Wirkungs-Zusammenhänge beschreiben.

Wenn dann andererseits Ursachen als Begründungen für Aussagen über das, was passieren wird oder passieren kann, herangezogen werden, wenn wir also unsere Vermutungen, Sorgen und Hoffnungen mit der Annahme oder Behauptung von Ursachen begründen, dann muss sich die Kontinuität des Ursache-Wirkungs-Zusammenhangs auch in der Kontinuität der vernünftigen Begründung widerspiegeln.

Wenn Alice an einem Tag ihre Sorge, dass Trump erneut gewählt wird, mit der Beobachtung begründet, dass die Zustimmung zu Bidens Politik niedrig sei, obwohl er erfolgreiche Politik mache, dann ist es nicht vernünftig, wenn sie sie am nächsten Tag sagt, dass sie vermute, Trump würde nicht erneut gewählt werden, weil Bidens Politik so erfolgreich sei. Hat sich an der Begründung für ihre gestrige Sorge nicht viel geändert, muss auch die Vermutung über das, was geschehen wird, ungefähr gleichbleiben. Allerdings gilt das nicht immer. Es gilt nur, wenn keine neuen Gründe auftauchen, die die Verschiebung begründen.

Bob als nachsichtiger Zuhörer wird Alice also nach den neuen Gründen fragen, die zu der Verschiebung der Erwartung von Alice geführt haben. Das Prinzip der Kontinuität besagt genau genommen nicht, dass eine leichte

Verschiebung der Gründe immer nur eine leichte Verschiebung der Erwartungen erlauben darf, sondern dass es vernünftig ist, bei stärkeren Verschiebungen weitere Gründe zu fordern oder zu suchen, die die Diskontinuität begründen.

Das Prinzip der Kontinuität des Begründens ermöglicht es, unsere Gesprächspartner nicht nur als wahrhaftig und nachsichtig, sondern auch als verlässlich in ihrer Logik anzusehen. Diese drei Eigenschaften vernünftiger Teilnehmer an einer Diskussion genügen als Voraussetzung dafür, dass ein Gespräch über Erwartungen und deren Gründe erfolgreich sein kann. Weitere Bedingungen sind nicht erforderlich, schon gar nicht die Akzeptanz formaler abstrakter Regeln des Argumentierens. Mit diesen drei Voraussetzungen werden wir in den weiteren Kapiteln die Details einer Logik des vernünftigen Sprechens untersuchen.

Bevor wir das tun, müssen wir uns aber noch über eine Frage Gedanken machen: Was ist, wenn eine oder zwei dieser Voraussetzungen fehlen? Die Voraussetzung der Wahrhaftigkeit ist unabdingbar, denn wenn ich annehme, dass mein Gesprächspartner lügt oder täuscht, ist ein vernünftiges Gespräch nicht möglich. Ich kann natürlich versuchen, ihm die Lüge nachzuweisen, aber mit welchem Ziel? Er wird es ohnehin immer bestreiten. Anders ist es mit den Voraussetzungen der Nachsicht und der Verlässlichkeit. Hier hilft, wenn man der Meinung ist, dass diese Voraussetzungen nicht gegeben sind, natürlich der Appell an den Gesprächspartner, dass es vernünftig ist, nachsichtig und verlässlich zu argumentieren. Das kann man jedoch nicht erzwingen. Man kann auch dann weiter diskutieren, wenn diese Bedingungen fehlen. Dass das allerdings zu einem gelingenden Gespräch führt, muss man bezweifeln.

Kapitel 5 Die Spontaneität der Äußerung

Wenn jemand für das kritisiert wird, was er sagt, liegt der Kritik zumeist die Vorstellung zugrunde, dass der Sprecher sich zuvor überlegt hat, was er sagen wird. Das gilt sicherlich, wenn jemand eine Rede hält, zumal, wenn er sie vom Blatt abliest. Es gilt aber sicherlich nicht unbedingt beim Streit. Häufig fordert man zwar von anderen, dass sie erst nachdenken sollen, bevor sie sprechen. Aber ist das wirklich möglich?

Was heißt „spontan"?

Wie wäre es umgekehrt: Wenn wir besser streiten wollen, müssen wir bedenken, dass Äußerungen im Streit spontan erfolgen, undurchdacht, intuitiv und emotional. Sowohl Zuhörer als auch Sprecher müssen mit dieser Spontaneität umgehen. Auch das gehört zu dem bereits genannten Prinzip der Nachsichtigkeit.

Wir wollen als „spontan“ eine Äußerung dann bezeichnen, wenn sie vor der Mitteilung nicht ausdrücklich gedacht und erst recht nicht gedanklich in Worten ausformuliert worden ist. Wie viele spontane Äußerungen man in Gesprächen zum Besten gibt, kann jeder Mensch nur durch Selbstbeobachtung herausfinden. Der Schreiber dieser Zeilen muss zugeben, dass die meisten seiner Äußerungen in Gesprächen spontan sind. Es gibt zwar durchaus den Fall, dass ich mir überlege, was ich sagen will, aber vieles von dem, was ich sage, habe ich zuvor nicht genau bedacht. Es „kommt in mir hoch“ und „es will hinaus“.

Das gilt für den Meinungsstreit umso mehr, je emotionaler und engagierter er geführt wird. Im Meinungsstreit sind wir immer selbst betroffen, deshalb sind wir auch emotional involviert. Erstaunlicherweise gilt dies auch für schriftliche Äußerungen, etwa bei Diskussionen in sozialen Netzwerken. Hier soll keine psychologische Spekulation betrieben werden, einzig aus der Selbstbetrachtung lässt sich sagen, dass etwa in einer Online-Diskussion eine gewisse emotionale Anspannung bis zum Absenden des Kommentars anhält, die verhindert, dass Äußerungen, die doch geschrieben und dann erst versendet werden, noch einmal durchdacht werden, bevor sie den anderen zur Kenntnis gegeben werden.

Begründungen für spontane Meinungsäußerungen können wir also erst im Nachhinein geben, und es ist erstaunlich, dass uns das überhaupt in den meisten Fällen gelingt. Wiederum sollen psychologische Spekulationen vermieden werden, aber es ist eigentlich nur vorstellbar, dass wir eben auch spontane Äußerungen immer auf einem Fundament von mehr oder weniger stabilen Überzeugungen, Meinungen, Wünschen, Hoffnungen, Befürchtungen und Sorgen machen – auch wenn sie uns zuvor noch gar nicht selbst so deutlich bekannt waren. Diese Überzeugungen bilden sich im Laufe der Zeit, ohne dass wir sie selbst schon recht bemerken. Wenn wir sie in einer erhitzten Diskussion zum ersten Mal aussprechen, dann nehmen wir sie selbst auch zum ersten Mal ausdrücklich wahr.

Das bedeutet, dass ein wahrhaftig Streitender sich zunächst einmal selbst in die Pflicht nehmen müsste, herauszufinden, ob und vor allem wie seine spontanen Meinungsäußerungen sich tatsächlich in seinen Meinungen begründen lassen, ob sie tatsächlich das sagen, was er meint. In einem guten Streit wäre es darum selbstverständlich, zu akzeptieren, wenn jemand sagt: „Ich habe das nicht so gemeint". Und die Frage „Wie meinst du das?" sollte als ehrliches Hilfsangebot gemeint sein, die tatsächliche Hoffnung oder Sorge hinter der Äußerung ausfindig zu machen (und vom anderen auch als ein solches Hilfsangebot verstanden werden).

Eine spontane Äußerung wurzelt sicherlich immer in den tatsächlichen Meinungen des Sprechers. Aber sie kann durch viele Zufälligkeiten mitgeformt sein, etwa durch den aktuellen Anlass der Diskussion, durch aktuelle Erlebnisse des Sprechers außerhalb der Diskussion, durch weitere Nachrichten oder durch andere Äußerungen innerhalb der Diskussion.

Wir hatten bereits früher festgestellt, dass Meinungsäußerungen immer missverständlich sind – sie sind es nicht nur für die, die sie hören, sondern vielleicht auch für den, der sie ausspricht.

Wir machen vielleicht zu oft den Fehler, Äußerungen wörtlich zu nehmen, sie als klar und eindeutig aufzufassen, sowohl die Äußerungen von anderen als auch die eigenen. Und manchmal glaubt man, dass man gerade im erregten Streit „die Wahrheit" sagen würde. Das Erschrecken über das, was man im Streit sagt, muss nicht bedeuten, dass da endlich die Wahrheit ans Licht käme. Das Erschrecken kann auch ein Zurückschrecken vor einer Konsequenz des eigenen Redens sein, die man aus tiefster Überzeugung ablehnt. Ein guter Streit sollte immer den Weg offenhalten, eine Äußerung zurückzunehmen, aber dennoch das Erschrecken über sie ernstnehmen.

Wer Äußerungen nur wörtlich nimmt und zudem nicht als persönlich modulierte Meinungen, sondern als feste Behauptungen über die Wirklichkeit auffasst, kommt womöglich zu der Vorstellung, dass da jemand absolute Geltung für seine Meinungen beansprucht und meint. Um solche Geltungsansprüche und die damit verbundene Idee, logische Fehlschlüsse im Meinungsstreit aufspüren zu müssen, geht es im nächsten Kapitel.

Oft wird der Streit um Meinungen so intensiv geführt, weil man meint, dass der andere seine Meinung für die Wahrheit halten würde, die für jeden zu gelten hätte. Man versucht dann, diesen Anspruch zu leugnen, indem man zu zeigen versucht, dass dieser Anspruch auf allgemeine Geltung der Meinung logisch nicht zu halten wäre. Man versucht, dem, der die Meinung vertritt, logische Fehlschlüsse nachzuweisen.

Wir haben schon gesehen, dass die Regeln der Logik, wie man sie in Lehrbüchern findet, ohnehin nicht reichen, um Meinungen verstehen und beurteilen zu können. Aber haben Meinungen im Streit überhaupt einen Geltungsanspruch, behauptet man, wenn man eine Meinung äußert, dass sich die Dinge mit Sicherheit tatsächlich so verhalten, wie es in der Meinung kundgetan wird? In diesem Essay ist schon mehrfach deutlich geworden, dass Meinungen immer eine persönliche Modulation durch die

Person, die sich äußert, haben. Es ist *meine* Meinung, die ich äußere. Wenn man in einer Diskussion nachfragt, ob der andere sich sicher ist, dass es sich wirklich so verhält, wie er sagt, wird man oft die Antwort bekommen: „Es ist meine Meinung!" Meinungen werde selten mit dem Anspruch geäußert, dass alle ihr zustimmen müssen. Auch wenn Alice, die die Meinung äußert, Trump sei ein Idiot, sich sehr sicher ist, dass es sich so verhält, wird sie vermutlich nicht der Meinung sein, dass Bob zwingend zustimmen muss, schon gar nicht, dass ihre Argumente, mit denen sie ihre Meinung stützt, ihn zwingend überzeugen müssen. Allerdings ist kaum jemand so tolerant, zuzugestehen, dass es sich auch ganz anders verhalten könnte, als es in der Meinung, die er im Streit formuliert, gesagt wird. Sonst würde man nicht streiten, man würde einfach Meinungen aussprechen und es damit bewenden lassen. Wer die Meinung des anderen gelten lässt, oder jedenfalls sagt, dass er das tut, hat vielleicht keine Lust, weiter zu streiten, aber das bedeutet nicht, dass er der Meinung des anderen genauso viel Wahrheit zugesteht wie der eigenen.

Geltungsanspruch für mich

Alices Meinung gibt darüber Auskunft, wie sie die Welt sieht. Sie beansprucht keine Geltung in dem Sinne, dass Bob ihre Sicht teilen muss. Deshalb ist jede Argumentation, in der Bob genau dies behauptet, schon ein ungeeigneter Einstieg in den Streit, vorausgesetzt, beide haben die Absicht, dem jeweils anderen ihre Meinung plausibel zu machen und womöglich sogar den anderen von der eigenen Meinung zu überzeugen oder ihn, wenigstens auf lange Sicht, in seiner bisherigen Überzeugung zu erschüttern. Wenn Bob, im Gegensatz zu Alice, der Meinung ist, Trump sei ein kluger Mann und er sei auch ein guter Präsident gewesen, dann tun beide gut daran, abzugleichen, was für die eine und was für die andere Meinung spricht. Beide sollten darüber einig sein, dass es sein kann, dass sie irren.

Die Meinung, die ich äußere, gilt also zunächst immer nur für mich selbst; sie hat einen Geltungsanspruch innerhalb meines Systems von Überzeugungen. Da ich sicher bin, dass ich selbst nicht dumm bin, und da ich vermute, vielleicht sogar durch Erfahrung ebenfalls sicher bin, dass andere ein ähnliches Überzeugungssystem haben, reicht der Geltungsanspruch meiner Überzeugung sozusagen auch ein Stück in die Gemeinschaft hinein, der ich mich zugehörig fühle. Das gilt nicht nur für die Überzeugungen selbst, sondern auch für die Begründungen, die ich gebe, und für die Methoden, mit denen ich Überzeugungen mit Gründen verteidige.

Nehmen wir an, dass Alice ihre Meinung über Trump unter anderem mit dem Argument begründet, dass viele andere Trump genauso einschätzen wie sie. Würde man daraus folgern, dass Alice der Meinung ist, dass alles stimmt, was viele so sehen, könnte man das wohl aus formalen argumentationslogischen Gründen zurückweisen. Eine solche Logik wird aber nicht unbedingt dem gerecht, was Alice hier sagt. Denn sie wendet ihr Argument ja nicht als allgemeine Schlussregel an. Sie kommt aus vielen Gründen zu ihrer Einschätzung über Trump. Sie hat vielleicht schon mit vielen Leuten gesprochen oder schon vielen zugehört, die zu einer ähnlichen Einschätzung gekommen sind. Zu diesen Menschen hat sie Vertrauen. Vermutlich hat sie schon öfter auf deren Urteil vertraut und ist damit gut gefahren. Zudem hat sie vielleicht einen Experten in einem Interview gehört, dessen Urteil in eine ähnliche Richtung ging wie ihres. Das alles bestätigt sie in ihrem Urteil.

Wer Alices Urteil über Trump mit dem Hinweis entkräften will, dass das Urteil von vielen nicht unbedingt richtig ist, und dass auch Experten nicht als Autoritäten herangezogen werden können, hat eigentlich noch nichts geleistet. Auch nicht, wenn er lateinische Namen für sogenannte Fehlschlüsse nennt und diese abstrakt definieren kann. Er müsste vielmehr plausibel machen, warum Alice gerade in dieser Frage gerade auf diese Leute nicht hören sollte. Er müsste erklären können, warum es sein kann, dass Alice oft gut damit fährt, wenn sie die Urteile anderer Menschen als Stütze für eigene Urteile nimmt, warum dies aber in diesem konkreten Fall keine gute Idee ist. Er müsste sagen, warum Alice gerade diesem Experten in diesem Fall nicht trauen sollte, auch wenn es in anderen Fragen sinnvoll ist, Expertenmeinungen zu Rate zu ziehen.

Damit wäre man tatsächlich in einem guten Streit angekommen. Dass es nicht immer richtig ist, eine Meinung zu übernehmen, nur weil eine große Zahl von Menschen sie vertreten, weiß Alice wahrscheinlich schon selbst. Der gute Streit muss sich darum drehen, warum es gerade in dieser Frage falsch sein könnte, der Meinung vieler zu vertrauen, und wie dieser Fall sich demnach von anderen unterscheidet. Alice hat mit ihrem Vertrauen auf das Urteil anderer bisher gute Erfahrungen gemacht. Diese entkräftet man nicht, indem man behauptet, dass sie bisher einen „Fehlschluss" verwendet, sondern damit, dass man über die konkreten Bedingungen des Falls diskutiert.

Wer meint, praktische Begründungsformeln als Fehlschlüsse diagnostizieren zu können, müsste im Gegenzug auch positiv Begründungsformeln für praktische Urteile, für Meinungen, die im Streit stehen, angeben können, und er müsste angeben können, was diese Begründungsformeln in solchen Situationen davor schützt, Fehlschlüsse zu sein. Solange das nicht geschieht, läuft er selbst Gefahr, von den anderen einen Fehlschluss zu fordern:

nämlich ihn als Experten zu akzeptieren, der sich mit der Argumentationslogik nun einmal besser auskennt, und deshalb weiß, was richtig ist, und was nicht.

„Geltung beanspruchen" in der Theorie und Praxis

Kann man tatsächlich annehmen, dass die Streitenden für ihre geäußerten Meinungen keine Geltung beanspruchen würden? Um diese Frage zu beantworten, kann man zwei Wege beschreiten: Zum einen wäre zu klären, was „Geltung beanspruchen" eigentlich bedeutet. Dazu muss natürlich gefragt werden, was „Geltung" heißt und was „beanspruchen" heißt. Zum anderen können wir überlegen, um was es wahrhaftig und nachsichtig Streitenden in einem Streit tatsächlich gehen kann – um anschließend zu prüfen, ob eines der gefundenen Ziele als „Geltung beanspruchend" bezeichnet werden kann. Dem ersten Weg ist dieser Abschnitt gewidmet, im nächsten Abschnitt geht es um den zweiten Weg.

Was „Geltung" heißt, kann man ohne Angabe des Kontextes, in dem das Wort verwendet wird, vermutlich nicht klären. Allerdings geben uns unstrittige Verwendungsweisen in bestimmten sozialen Bereichen Hinweise darauf, was das Wort in anderen Bereichen bedeuten könnte. Wir müssen also einen kleinen Umweg machen, um zur Bedeutung dieses Wortes im Streit vorzudringen.

Am einfachsten ist es in der Mathematik und in der theoretischen Physik. Wenn ich beispielsweise sage: „In der euklidischen Geometrie *gelten* die folgenden fünf Postulate …“, dann ist damit gemeint, dass die Postulate zugleich definieren, was euklidische Geometrie überhaupt ist. Sie beanspruchen ihre Geltung nicht, und niemand, der den obigen Satz ausspricht, beansprucht ihre Geltung in der euklidischen Geometrie. Es ist einfach so, dass die Ablehnung der Geltung eines der Postulate sofort aus der euklidischen Geometrie herausführen würde.

Ebenso ist es, wenn theoretische Physiker sagen, dass in der klassischen Mechanik die newtonschen Gesetze gelten. Sobald man etwa in der Bewegungsgleichung die Konstante, die die Masse bezeichnet, durch eine Größe ersetzt, die sich mit der Geschwindigkeit verändert, verlässt man die klassische Mechanik und betritt womöglich die spezielle Relativitätstheorie.

Innerhalb eines theoretischen wissenschaftlichen Textes oder Gesprächs kann aber auch der Satz auftauchen: „In der euklidischen Geometrie gilt, dass die Summe der Innenwinkel im Dreieck 180° beträgt.“ Geltung bedeutet hier, dass der Satz zwingend aus den Axiomen folgt, und zwar sogar so zwingend, dass man den Satz selbst zum Axiom machen könnte. Aus ihm würde dann, zusammen mit anderen Axiomen, das folgen, was wir für gewöhnlich als „die Axiome“ der Theorie ansehen.

Normalerweise würde eine Wissenschaftlerin wohl kaum sagen, dass sie innerhalb einer Theorie für einen Satz „Geltung beansprucht“ – die Sätze gelten einfach, sie lassen sich herleiten, und wenn das ein Kollege bestreitet, dann muss er zeigen, dass da ein Rechenfehler vorliegt. Da die Rechenmethoden in den mathematischen Wissenschaften klar definiert sind und Bestandteil der Theorie sind, ist dies auch möglich.

Versucht man, theoretische Konstruktionen mit experimentellen oder anderen empirischen Befunden zu verknüpfen, verwendet man ebenfalls manchmal den Begriff der Geltung. Man sagt etwa: „Für kleine Geschwindigkeiten gilt die newtonsche Mechanik“ oder „In kleinen Raumbereichen gilt die euklidische Geometrie“. Forscher würden, darauf angesprochen, vielleicht ergänzen: „Natürlich gelten sie nicht im strengen Sinn“ und würden damit sagen wollen, dass sich diese Sätze nicht zwingend aus den Axiomen der Theorie ergeben.

Allerdings ist die praktische Geltung doch stärker, als man aus dieser Relativierung vermuten könnte. Man stelle sich vor, dass jemand, der den freien Fall eines Steins auf der Erdoberfläche untersucht, behaupten würde, dass er dazu die Gleichungen der speziellen Relativitätstheorie verwenden müsste. Daraufhin würden die Kollegen womöglich sagen: „In diesem System gilt die newtonsche Mechanik, und es ist völlig unsinnig, hier mit der speziellen Relativitätstheorie zu hantieren!“ Geltung bedeutet dann: „Es gibt eine, und zwar genau eine, der Situation angemessene Theorie, und die ist es, die hier gilt!“ Hier kann man durchaus sagen, dass Wissenschaftler die Geltung einer Theorie (interessanterweise der Theorie, die die weniger allgemeine, weniger umfassende ist) beanspruchen. Sie würden nämlich, als Wissenschaftlergemeinschaft, denjenigen aus der Kommunikation auf Dauer ausschließen, der darauf beharrt, die „richtige“, aber im konkreten Fall unangemessene Theorie zu verwenden. Ebenso würde es vermutlich einem Ingenieur ergehen, der für die Berechnung der Grundfläche eines Einfamilienhauses eine nicht euklidische Geometrie verwendet mit der Begründung, dass die Erde, auf der das Haus steht, ja nun einmal keine Scheibe, sondern eine Kugel sei.

Wenn Wissenschaftler über die Ergebnisse ihrer experimentellen oder empirischen Resultate reden, verwenden sie das Wort „Geltung“ eher selten. Man „beobachtet Verhalten“, man „wiederholt Messungen“ und „kommt zu gleichen Resultaten“, man „bestätigt bisherige Annahmen“. Im Zusammenhang mit ihrer Arbeit begegnet uns das Wort „gelten“ dennoch oft, und zwar, wenn in den Medien über die Ergebnisse berichtet wird. Dann heißt es etwa: „Es gilt inzwischen unter Wissenschaftlern als erwiesen, dass …“ Diese Verwendung bedeutet, dass die Wissenschaftler über eine Hypothese einen (weitgehenden) Konsens hergestellt haben. Die Ergebnisse der Forscher sind so klar und (für diese Forscher) so überzeugend, dass sie Personen, die der Hypothese nicht zustimmen würden, aus der Gemeinschaft der Wissenschaftler ausschließen würden, es sei denn, sie bringen für die Ablehnung der Hypothese wiederum selbst plausible Argumente vor. In diesem Fall kann also tatsächlich von „Geltungsansprüchen" gesprochen werden: Die Gemeinschaft beansprucht von ihren Mitgliedern, der Hypothese zuzustimmen, oder anderenfalls gute, in der Gemeinschaft akzeptierte Gründe vorzubringen, die der Hypothese widersprechen. (Ob die Wissenschaft wirklich so funktioniert, können wir hier dahingestellt sein lassen.) Das Wort „Hypothese" verwende ich hier, weil es sich zumeist um allgemeine Aussagen handelt, die nicht in einem theoretischen Sinne zwingend sind. Die Hochtemperatur-Supraleitung etwa galt schon lange vor ihrer theoretischen Begründung als erwiesen.

Geltungsanspruch im alltäglichen Streit

Damit sind wir nach einem großen Bogen wieder bei unserem eigentlichen Gegenstand, dem richtigen Streiten, angekommen, denn der wissenschaftliche Streit um die Deutung experimenteller und empirischer Ergebnisse ist ebenfalls ein Streit. Wenn es dort Geltungsansprüche gibt, warum nicht auch im alltäglichen Streit über Fußball, Politik oder Wirtschaft?

Man könnte fordern oder versuchen, auch den alltäglichen Streit wie einen Streit unter Wissenschaftlern zu beschreiben, und sagen, dass überhaupt nur so etwas als Streit zu akzeptieren sei. Das würde allerdings der sozialen Funktion des alltäglichen Streits sowie seinen durchschnittlichen Eigenschaften nicht gerecht werden. Deshalb hilft es, die Unterschiede zwischen dem wissenschaftlichen Streit und dem alltäglichen Streit herauszustellen:

- Wissenschaftler streiten auf der Basis einer weitgehend standardisierten Ausbildung in einem Fach über die Hypothesen des Fachs.
- Die Informationen, die in den Argumentationen der Wissenschaftler wichtig sind, stehen den Beteiligten weitgehend unmittelbar und nicht medial vermittelt zur Verfügung.
- Hinsichtlich dessen, was im Streit zum Gegenstand wird, haben Wissenschaftler keine Wünsche, Hoffnungen, Befürchtungen oder Sorgen.

Natürlich sind diese Annahmen über den wissenschaftlichen Streit in der Realität immer nur unvollkommen erfüllt. Gerade bei Themen wie dem Klimawandel und der Pandemie, bei denen auch Wissenschaftler Sorgen und Befürchtungen haben, besteht die Gefahr, dass der wissenschaftliche Geltungsanspruch von dieser persönlichen Betroffenheit beeinträchtigt wird. Es sind aber genau diese genannten Voraussetzungen, die es ermöglichen, dass Wissenschaftler einen Konsens über Hypothesen herstellen, der dann gilt. Stellen wir nun diesem idealen wissenschaftlichen Streit den alltäglichen Streit über Politik, Wirtschaft oder Sport gegenüber:

- Es gibt kaum eine einheitliche Ausbildung oder zwingende Vorkenntnisse und Fertigkeiten für die Beteiligung am Streit.
- Informationen, die Grundlagen für Argumentationen sind, stehen nur selten direkt, sondern vor allem medial vermittelt zur Verfügung.
- Wünsche, Hoffnungen, Befürchtungen oder Sorgen bezüglich des Streitgegenstandes sind zumeist der Grund, sich überhaupt am Streit zu beteiligen.

Dies alles sind Gründe, warum es im Alltagsstreit keine Geltungsansprüche geben kann. Wer wahrhaftig und nachsichtig streitet, verzichtet auch auf Geltungsansprüche. In konkreten Streitsituationen wird das auch durch die Betonung der eigenen Sicht („Ich meine“, „Das ist meine Meinung", „Ich habe Angst, dass …") signalisiert. Wir können also für ein besseres Verstehen der Logik des Streits ganz auf die Annahme verzichten, dass dort jemand Geltungsansprüche im hier beschriebenen Sinne erhebt.

Kapitel 7 Prinzipien und die herrschende Meinung

Im ersten Kapitel hatte ich das vernünftige Sprechen durch die Bereitschaft des Sprechers bestimmt, für seine Meinung Begründungen anzugeben. Das begründete Sprechen hatte ich mit dem vernünftigen Sprechen identifiziert und die Ablehnung der Angabe von Gründen als unvernünftig gekennzeichnet.

Allerdings haben wir nun auch schon gesehen, dass es Konstellationen gibt, in denen eine Person es als absurd empfindet, Begründungen für ihre Meinung angeben zu sollen. Häufig stimmt sie darin mit der Mehrzahl derer überein, die sich an dem Gespräch beteiligen, in welchem die Meinung geäußert wurde.

Ein Beispiel soll das erläutern: Vor einigen Jahren wurde in sozialen Online-Netzwerken häufig ein Bild gepostet, auf dem Personen beim Golfspiel zu sehen waren, während im Hintergrund ein Wald brannte. Ein verlinkter Artikel erläuterte, dass das Bild anlässlich der aktuellen Waldbrände in den USA aufgenommen worden war und dass die Golfspieler durch einen Fluss von dem brennenden Waldgebiet getrennt waren. Die Kommentatoren zu diesem Bild waren ziemlich einhellig der Meinung, dass sich die Golfspieler falsch verhielten. Mehr noch: Für viele war das Bild ein klares Symbol dafür, dass auf der Welt, in der Gesellschaft, etwas völlig falsch laufe. Das Golfspielen in Sichtweite eines Waldbrandes wurde einhellig abgelehnt, die Reaktionen reichten von Unverständnis für die Golfspieler bis zu offener Empörung über ihr Verhalten. Diese Meinungen wurden nicht begründet oder erläutert, sondern übereinstimmend prägnant und kurz geäußert.

Wer in so einer Situation nach Begründungen fragt oder nachfragt, was die Personen auf dem Bild denn Besseres tun sollten, muss ebenfalls mit Ablehnung rechnen, die von Unverständnis bis Empörung reicht. Nachfragen dieser Art werden für gewöhnlich nicht beantwortet, vielmehr wird die Beantwortung ausdrücklich abgelehnt. Offenbar sind aber nicht alle Menschen dieser Meinung, denn zumindest die Golfspieler selbst dürften ihr Tun nicht als völlig abwegig empfunden haben.

Es gibt eine Vielzahl solcher Situationen, die sich allerdings graduell unterscheiden. Es gibt Meinungen, die wir für nicht begründungsbedürftig halten, weil sie als

gesichert gelten, etwa, dass es lebensgefährlich ist, aus einem Fenster im zehnten Stock eines Hochhauses zu springen; ebenso, dass Kinder – abgesehen von kleineren Tätigkeiten im Haushalt oder in der Familie – nicht arbeiten müssen und stattdessen die Schule besuchen sollten; dass übermäßiger Alkohol- und Drogenkonsum ungesund ist oder dass man die Nachbarn freundlich grüßen sollte. Die Beispiele deuten schon zweierlei an: Der
Konsens, dass die Meinungen nicht begründet werden müssen, weil sie Selbstverständlichkeiten aussprechen, muss nicht zu allen Zeiten und an allen Orten gelten. Und: Natürlich kann man zu all diesen Meinungen auch einen Grund angeben oder wenigstens nach einem guten Grund suchen, aber man lehnt es ab, weil man meint, dass es absurd sei, diese Selbstverständlichkeit zu begründen – man erwartet, dass die Richtigkeit dieser Meinung von jeder vernünftigen Person, wenigstens von den Zeitgenossen im eigenen Umfeld, ebenfalls als selbstverständlich angesehen wird.

Meinungen, die keiner Begründung bedürfen

Die Beispiele zeigen, dass es Meinungen geben kann, die in den Augen der Person, die sie äußert, keiner Begründung bedürfen. Oft weiß sie sich dabei mit einer Gemeinschaft von Sprechern einig. In dieser Gemeinschaft würde man eher sagen, dass es unvernünftig ist, eine Begründung zu fordern, als dass man es als vernünftig ansieht, hier eine Begründung zu geben.

Müssen wir die Bestimmung des vernünftigen Sprechens als Bereitschaft zur Angabe von Gründen modifizieren? Oder müssen wir sagen, dass ein solches Verhalten des Sprechers und der Gemeinschaft, zu der er gehört,
90 eben unvernünftig ist? Bevor wir uns leichtfertig dafür entscheiden, die Verweigerung einer Begründung für bestimmte Meinungen als unvernünftig anzusehen, sollten wir uns daran erinnern, dass es wohl für jeden zumindest Überzeugungen gibt, für die er die Angabe von Gründen ablehnt. So bin ich z. B. davon überzeugt, dass ich der Sohn zweier konkreter lebender Personen, meiner Eltern, bin. Wenn das jemand bezweifelt, könnte ich zwar Gründe beibringen, würde das aber normalerweise als absurd und überflüssig ansehen und wohl auch ablehnen. Genauso bin ich gemeinsam mit vielen Menschen in meiner Umgebung davon überzeugt, dass die Erde schon seit einem sehr langen Zeitraum existiert. Auch dafür gilt: Wenn das jemand bestreitet, könnte ich zwar Begründungen heraussuchen und angeben, aber ich würde es doch, wohl in Übereinstimmung mit vielen meiner Freunde und Bekannten, als unsinnig ansehen. Vielmehr würden wir uns fragen, was mit demjenigen, der da Zweifel hat, nicht in Ordnung ist.

Was für solche Überzeugungen gilt, gilt auch für andere Meinungen. Mit vielen anderen bin ich der Meinung, dass Meinungsfreiheit eine gute Sache ist, und wir machen uns Sorgen, wenn sie eingeschränkt und verletzt wird. Wenn uns jemand nach Begründungen für unsere Sorge um die Meinungsfreiheit fragt, kann es sein, dass wir ihm mit Unverständnis begegnen und eine Begründung ablehnen.

Schließlich sei erwähnt, dass schon Aristoteles es für einen Mangel an Bildung hielt, für alles Begründungen zu fordern. Zur Vernunft gehört es seiner Meinung nach auch, zu wissen, wann das Fragen ein Ende haben muss.[4] Wir müssen Aristoteles hier nicht zustimmen, trotzdem sollten die Beispiele ein Hinweis darauf sein, dass die Ablehnung des Begründens nicht unbedingt unvernünftig sein muss. Das Prinzip der Nachsichtigkeit sollte uns auf der Suche nach einer vernünftigen Interpretation einer solchen Ablehnung leiten.

Genau genommen ist das Verhalten unseres Sprechers gar keine Verweigerung des Begründens. Als Grund wird eine andere Meinung angegeben: „Ich bin sicher, dass diese Überzeugung keiner weiteren Begründung bedarf. Und die Gemeinschaft der Sprecher, zu der ich gehöre, zeigt mir mit ihrer Zustimmung, dass ich recht habe. Wenn du da Zweifel anmeldest, müsstest du deinerseits sagen, wie du deinen Zweifel begründest.“[5]

Die Verweigerung einer Begründung für eine Meinung kann also durchaus selbst als Begründung angesehen werden. Sie sagt: Diese Meinung bringt eine grundlegende Überzeugung von mir zum Ausdruck. Und die Tatsache, dass andere mit mir diese Grundüberzeugung teilen und dass zudem auch diese anderen der Meinung sind, dass das nicht weiter begründet werden muss, zeigt

mir, dass meine Meinung selbst begründet ist: in unserem gemeinsamen Grundverständnis davon, was überhaupt richtig sein kann.

„Herrscht" die Meinung?

Man könnte solche nicht weiter zu begründenden Meinungen als „herrschende Meinungen" bezeichnen, aber ein solches Verständnis kann auch in die Irre führen. Richtig ist: Wer solche Meinungen nicht anerkennt, wer auch für sie Begründungen fordert, die anders sind als nur Verweise darauf, dass diese Meinung nun mal zu den grundlegenden Überzeugungen der Gemeinschaft gehört, wird zumeist aus dieser Gemeinschaft ausgeschlossen. Insofern „herrscht" die Meinung.[6] Aber diejenigen, die die Meinung „haben", müssen sich nicht unterworfen fühlen, sie werden also nicht beherrscht – jedenfalls ist das nicht zwingend. Das bemerkt man auch, wenn man darüber nachdenkt, was mit einem selbst passiert, wenn eigene grundsätzliche Meinungen in Frage gestellt werden. Wenn Alice eine Meinung vertritt, die etwa mit den moralischen Vorstellungen von Bob nicht übereinstimmt, wird Bob nicht unbedingt sagen können, warum er diese Meinung ablehnt. Schon gar nicht wird er sich auf eine „herrschende Meinung" berufen. Er weiß aber sicher, dass mit Alices Meinung etwas „nicht stimmt".

Solche grundsätzlichen Meinungen können auch mit dem Satz begründet werden: „Ich möchte nicht in einer Gesellschaft leben, in der so etwas üblich ist." Sie haben dann also mit dem moralischen Wertesystem des Sprechers zu tun. Es ist hier nicht der Platz, die Herkunft dieses moralischen Kompasses zu untersuchen. Klar ist aber, dass Moral etwas ist, was nicht in jedem Einzelfall begründet werden kann, sondern selbst eine – wenigstens vorläufige – letzte Begründungsinstanz ist.

Das heißt nicht, dass es nicht auch Meinungen gibt, die nur geäußert werden oder denen nur zugestimmt wird, weil sie in der Gemeinschaft, zu der man gehört und gehören will, allgemeiner Konsens sind. Es ist auch möglich, dass die Begründung der Meinung an diese Gemeinschaft delegiert wird, und dass der Einzelne es gar nicht für nötig hält, selbst über Gründe für seine Meinung nachzudenken, weil ihm die Tatsache, dass die Gemeinschaft diese Meinung vertritt, schon Grund genug ist. Dann ist es tatsächlich die Meinung, welche herrscht.

Niemand muss die Meinung wirklich begründet haben; es genügt, dass jeder weiß, dass die anderen diese Meinung auch vertreten werden. So kann ein jeder die betreffende Meinung äußern und sich sicher sein, dass die Bestätigung dieser Meinung durch die anderen die eigene Zugehörigkeit zur Gemeinschaft bestärkt.

94

Eine philosophische Unzufriedenheit

Aus philosophischer Perspektive können wir mit dieser Situation natürlich überhaupt nicht zufrieden sein. Zwar müssen wir zunächst akzeptieren, dass es einerseits Meinungsäußerungen gibt, die sich allein auf grundsätzliche Wertesysteme berufen, und andererseits solche, die sich nur auf den Konsens der Gemeinschaft stützen. Da aber weder die Grundüberzeugungen des Einzelnen noch der Konsens einer Gemeinschaft für einen Dritten überzeugend sein müssen, stellt sich die Frage, wie der Streit mit einem Dritten möglich ist, der diese Überzeugungen und diesen Konsens eben nicht teilt. Der Streit mit einem solchen Dritten führt womöglich dazu, dass der Konsens und die Grundüberzeugungen sich verschieben oder wenigstens fragwürdig werden. Das würde zu einer Logik des Streitens dazugehören.

Zum anderen haben die Überlegungen dieses Textes gezeigt, dass es offenbar ganz verschiedene Arten des vernünftigen Begründens gibt, die genauer differenziert werden müssen. Es gibt Begründungen, die Gründe für Meinungen geben sollen, die selbst wieder Meinungen sind. Mit diesem Begründen verbleiben wir in der sprachlichen Sphäre. Dann gibt es aber auch Begründungen, die diese Sphäre verlassen: das eigene moralische System, der Konsens der Gemeinschaft. Diese Begründungen verweisen auf noch andere Sphären. So kann es z. B. um die Stabilität der Gemeinschaft oder um das persönliche Wohlbefinden gehen. Außersprachliche Gründe wirken sicherlich auf andere Weise auf den Streit zurück als sprachliche.

Zum richtigen, guten Streiten gehört zunächst, dass man bereit ist, anzugeben, welcher Art die Überzeugung ist, dass man eine Meinung nicht begründen muss bzw. dass man die Forderung nach Begründung als absurd empfindet. Spürt man, dass es das eigene moralische Wertesystem verletzen würde, wenn man diese Überzeugung fragwürdig machen würde? Oder meint man, dass es sich doch um einen allgemeinen Konsens handle, dass die Dinge nun mal so liegen? Es ist durchaus sinnvoll, sich diese Frage auch außerhalb eines konkreten Streits oder im Nachgang eines Streits zu stellen. Wir hatten schon am Beginn dieses Essays gesagt, dass kaum jemand während eines akuten Streits seine Meinung ändert, gerade, wenn es um grundlegende Überzeugungen geht, die das ganze Weltverständnis einer Person stützen. Solche

Überzeugungen wandeln sich erst durch ruhige Reflexion über die Gründe, die man für wichtige Selbstverständlichkeiten hat.

Der erste Schritt dazu ist, sich zu fragen, in welchen Bereich von Überzeugungen die fragliche Meinung gehört. Sind es persönliche Vorstellungen von einem gelungenen, guten Leben? Es kann z. B. sein, dass eine Person überzeugt ist, dass man im Wesentlichen ein gesundes Leben führen sollte, sich gesund ernähren, Sport treiben, wenig Alkohol trinken, nicht rauchen, ausreichend schlafen. Bei einer Familienfeier könnte man darüber mit Verwandten in Streit geraten, die sich womöglich darüber lustig machen und fragen, warum man so ein Gesundheitsapostel sei. Es mag der betreffenden Person nun absurd erscheinen, das zu begründen. Es kann sich aber auch um moralische oder politische Selbstverständlichkeiten handeln, etwa, dass man so leben sollte, damit die Umwelt so wenig wie möglich belastet wird. Diese Meinungen sagen etwas darüber, wie man sich eine gute, lebenswerte Welt vorstellt. Auch darüber kann es zum Streit kommen, in dem man es ablehnt, Begründungen zu geben, weil es sich um grundlegende Selbstverständlichkeiten zu handeln scheint. Schließlich kann es sich um Überzeugungen handeln, die grundlegende Prinzipien des Geschehens in der Welt betreffen, etwa, dass es keine Wunder gibt, dass die Lebewesen durch Evolution entstanden sind, dass

Impfungen gegen Infektionskrankheiten vorbeugen oder dass die Erde keine Scheibe ist.

Im Streit zeigt sich immer, dass für andere Personen das, was ich selbst als selbstverständlich ansehe, längst nicht selbstverständlich ist. Wenn es sich um eine Norm für ein richtiges, gutes Leben handelt, zeigt sich in solchen Momenten, dass die Menschen sehr unterschiedliche Normen haben können. Man sagt dann oft, dass dies zu tolerieren sei, aber wenn wir ehrlich sind, fällt es uns schwer, Normen als gleichberechtigt zu akzeptieren, die mit den eigenen Normen nicht übereinstimmen. Wenn ich mich nach der Norm richte, dass man ein gesundes Leben führen sollte, dann kann ich gar nicht anders, als diese Norm auch für die anderen als verbindlich anzusetzen, sonst würden wir nicht streiten. Nur selten gelingt es, abweichende oder gar konträre Normen als ebenso akzeptabel anzusehen. Jede kategorische Abweichung von meiner Norm, jeder andere, dem etwa die gesundheitlichen Konsequenzen seiner Ernährung mit Pommes und Burgern gleichgültig sind, stellt faktisch meine Norm in Frage. Oft ist die Aussage, jeder solle das ganz nach eigenem Gusto handhaben, nur eine Abwehrreaktion, um sich mit der eigenen Überzeugung nicht kritisch befassen zu müssen. Am Ende bleibt dennoch eine Ablehnung des anderen, die sich dann womöglich in Konflikten zu ganz anderen Fragen äußert.

Es kann für die Sicherheit und Stabilität des eigenen Überzeugungssystems sozusagen ökonomisch sinnvoll sein, so zu verfahren, die eigenen Selbstverständlichkeiten im Angesicht konträrer Überzeugungen nicht anzutasten und nicht nach Begründungen zu suchen. Schließlich ist es immer möglich, dass sich diese Sicherheiten als trügerisch erweisen, was wiederum zu Krisen führen kann. Womöglich bereut man gar die Konsequenzen, die das bisherige, an schlecht begründeten Maximen ausgerichtete Leben mit sich gebracht hat, und erlebt eine verstörende Unzufriedenheit über verpasste Gelegenheiten. Um dem aus dem Wege zu gehen, kann man sich der Begründung fest gefügter Selbstverständlichkeiten verweigern.

Andererseits kann das Überdenken der Selbstverständlichkeiten, nach denen man sein eigenes Leben führt und einrichtet, auch erhellend oder Grund zur Umgestaltung sein. Häufig sind die Normen, die man sich selbst auferlegt, unbewusst aus angenommenen gesellschaftlichen Normen abgeleitet. Für sich selbst zu rekonstruieren, welcher Sinn und welche gesellschaftlichen Funktionen sie haben, kann sicherer machen, aber auch zu einem produktiven Aufbegehren führen. Ein Beispiel: Ich kann im Nachdenken über meine Meinung, dass man ein gesundes Leben führen sollte, darauf kommen, dass ich selbst hoffe, damit für mein eigenes Leben Krankheiten und Leiden vermeiden zu können. Der Aufwand und die zeitweiligen Entbehrungen scheinen mir gerechtfertigt, weil sie mir voraussichtlich später in mehr Tagen ohne Schmerzen und Einschränkungen zugutekommen. Zudem kann es sein, dass ich an der sportlichen Betätigung schlicht Freude empfinde oder an meinem gesunden Körper ästhetisches Wohlgefallen finde. All diese Gründe, derer ich mich in gründlicher Reflexion versichern kann, stabilisieren meine Meinung, dass ein gesundes Leben ein gutes Leben ist, allerdings wird dabei auch klar, dass es sich gar nicht um Selbstverständlichkeiten handelt und dass keineswegs jede andere Person die Sache genauso sehen müsste. Hier macht mich die Reflexion also toleranter. Es kann aber auch sein, dass ich beim Nachdenken die Begründung finde, dass der einzelne Mensch der Gemeinschaft nicht unnötig zur Last fallen sollte, dass ich der Meinung bin, ungesunde Lebensweise jeder Art belaste die Sozialsysteme und sei deshalb mit sozialem Verhalten nicht vereinbar. In diesem Fall ist es allerdings sinnvoll, diese Begründung bei der nächsten Gelegenheit im Streit auch vorzubringen, denn auch in diesem Fall ist meine Überzeugung keine Selbstverständlichkeit mehr. Allerdings könnte meine Überzeugung, dass jeder der Gesellschaft so wenig wie möglich zur Last fallen sollte, für mich nun eine neue Selbstverständlichkeit sein. In jedem Fall bekommen wir im Streit auf diese Weise neue Möglichkeiten zur Argumentation.

Anders verhält es sich bei moralischen oder auch politischen Selbstverständlichkeiten, von denen man meint, dass sie keiner Begründung bedürfen. Natürlich können auch persönliche Normen vom einzelnen Menschen so interpretiert werden, dass sie zu sozialen Normen werden, wir hatten eben bereits ein Beispiel dafür gesehen, wenn gesunde Lebensführung aus gesellschaftlichen Gründen als geboten angesehen wird. Während der Corona-Pandemie haben wir eine Reihe solcher Normen in der gesellschaftlichen Praxis entstehen oder aufscheinen gesehen. Der prinzipielle Unterschied zwischen persönlichen Normen und gesellschaftlichen Normen, die als Selbstverständlichkeiten angesehen werden und so anscheinend nicht begründet werden müssen, besteht darin, dass sich Menschen zu einer Gemeinschaft gerade dadurch zugehörig fühlen, dass sie darin übereinstimmen, dass ihre Normen nicht begründet werden müssen. Sobald im Streit jemand die Frage aufwirft, welchen Grund es dafür gibt, dass eine gesellschaftliche Norm befolgt wird, die doch von den anderen als selbstverständliche Überzeugung angesehen wird, positioniert er sich damit schon außerhalb der Gemeinschaft – genauer, er wird von den anderen als jemand angesehen, der nicht zu dieser Gemeinschaft gehört und mit der Infragestellung der Norm diese Gemeinschaft verlässt. Es kommt für die Gemeinschaft also gerade darauf an, dass sie Überzeugungen hat, die selbstverständlich sind, die keiner Begründung bedürfen. Ein Streit über solche Normen gefährdet die Gemeinschaft selbst, deshalb muss die Frage nach Gründen letztlich tabuisiert oder wenigstens als absurd abgewiesen werden.

Nehmen wir das Beispiel des Klimawandels, um die Sache im Detail zu illustrieren. Die selbstverständliche Meinung, die in einer Gemeinschaft vertreten wird, kann hier sein: Wir müssen die Auswirkungen des Klimawandels möglichst begrenzen und dazu ist es von größter Wichtigkeit, den anthropogenen CO_2-Ausstoß drastisch zu reduzieren. Stellen wir uns vor, dass Alice zu dieser Gemeinschaft gehört. Es gibt bekanntlich verschiedene Arten abweichender Meinungen dazu. Da gibt es diejenigen, die den Einfluss des Menschen auf den Klimawandel für gering halten und deshalb meinen, dass der Mensch sein Verhalten überhaupt nicht ändern müsste. Einer von ihnen sei in unserem Fall Bob. Wenn man beobachtet, wie ein Streit zwischen Alice und Bob abläuft, wird man erleben, dass Alice womöglich durchaus bereit ist, zunächst Gründe zu geben. So wird sie sagen, dass die Wissenschaft längst vielfältige Belege für den menschengemachten Klimawandel gefunden hat, dass die Prozesse wissenschaftlich gut verstanden sind, dass sie experimentell nachgewiesen sind, dass sie sich in den Messdaten finden und dass die Computersimulationen ebenfalls zeigen, dass der CO_2-Ausstoß der Menschen das Klima messbar verändert.[7] Dem wird Bob womöglich entgegnen, dass es auch Wissenschaftler gibt, die das anders sehen, dass die Veränderungen der gemessenen Temperaturen andere Gründe haben, dass die Wissenschaftler politisch gesteuert oder politische Aktivisten sind. An dieser Stelle haben Alice und Bob keine weitere Chance für einen fruchtbaren Streit, weil sie bei Grundüberzeugungen angelangt sind, die sie vermutlich wirklich nicht so begründen können, dass der jeweils andere davon irgendwie beeindruckt wäre: Alice ist der Meinung, dass man der Wissenschaft im Wesentlichen und insgesamt auf lange Sicht vertrauen kann (auch wenn sie vielleicht zugibt, dass es politische Einflussnahme, Täuschung und uneingestandene Fehler gibt). Bob hingegen ist der Meinung, dass man der Wissenschaft prinzipiell misstrauen muss, wenigstens, wenn es um Fragen mit gesellschaftlicher Relevanz geht (auch wenn er vielleicht eingesteht, dass es auch Erfolge und auch ehrliche Leute geben mag). Dabei handelt es sich jeweils um allgemeine Überzeugungen, wie wir sie weiter oben bereits betrachtet hatten. Diese sind Kern eines Modells oder einer Theorie der Welt, die wiederum zur Weltdeutung selbst genutzt werden und die auch durch empirische Gegenbeispiele nur schwer zu erschüttern sind. Zudem fühlen sich sowohl Alice als auch Bob je auf ihre Weise einer Gemeinschaft von Vernünftigen zugehörig: Alice der Gemeinschaft der Anhänger der Wissenschaft, der Aufklärung und der wissenschaftlichen Vernunft, Bob der der Skeptiker. Gerade dadurch, dass sie es als absurd empfinden, ihre jeweilige Grundüberzeugung weiter begründen zu sollen, weil es schließlich eine allgemeine Selbstverständlichkeit ist, bestimmen sie sich als zugehörig zu dieser Gemeinschaft der Vernünftigen.

Wie könnten Alice und Bob mit dieser Situation umgehen? Natürlich können sie jeweils beharrlich versuchen, das Modell des anderen zu erschüttern und fragwürdig zu machen. Sie haben allerdings auch die Möglichkeit, das zurückzustellen und den Streit auf eine andere Ebene zu verlagern: So könnten sie diskutieren, ob es nicht unabhängig davon, wessen Grundüberzeugungen eher zutreffen, praktisch sinnvoll wäre, den Verbrauch fossiler Brennstoffe zu reduzieren, kleine und sparsame Autos zu nutzen oder mehr zu Fuß zu gehen. Anerkennen, dass man die Grundüberzeugungen anderer Menschen nicht ohne Weiteres argumentativ erschüttern kann, ist die Voraussetzung dafür, andere Wege zu finden, um zur Sache selbst im Gespräch zu bleiben und den Konflikt nicht weiter zu radikalisieren.

Die Überzeugung, von der Alices Gemeinschaft sagt, dass es absurd sei, überhaupt Begründungen zu fordern (auch wenn sie, wie wir gesehen haben, Begründungen angeben kann, die allerdings schnell auf allgemeine Grundüberzeugungen zurückgeführt werden), besteht aus zwei Teilen: einer Überzeugung über die Realität, wie sie ist (der Klimawandel ist von Menschen verursacht) und einer Überzeugung darüber, was deshalb zu tun ist. Caro, die nicht zu dieser Gemeinschaft gehört, könnte ebenfalls von der Realität des menschengemachten Klimawandels überzeugt sein, die Schlussfolgerung über die Konsequenzen aber ablehnen. Sie könnte der Meinung sein, dass die Menschen mit den Konsequenzen des Klimawandels durchaus leben können, dass sie technische Lösungen finden werden, um die Gefahren zu bannen, oder dass es sogar notwendig sei, sich eher auf Anpassung zu konzentrieren als etwa auf die Umgestaltung der Energieerzeugung, weil die Gesellschaft nur begrenzte Ressourcen zur Verfügung hat. Der Streit zwischen Alice und Caro wird demnach ein anderer sein als der zwischen Alice und Bob. Es geht bei diesem Streit nicht um Tatsachen, sondern um die Frage, was aus den Tatsachen zu schlussfolgern ist, welche Handlungen und Entscheidungen daraus abgeleitet werden müssen. Grundsätzlich könnten sich Alice und Bob vielleicht einigen, wenn sie die Tatsachen, über die sie uneins sind, überprüfen könnten. Wir hatten gesehen, dass dies oft schon nahezu unmöglich ist, weil solche Tatsachen zumeist nicht klar belegt werden können, sondern von allgemeinen Überzeugungen überdeckt werden. Wenn es aber darum geht, wie man mit den Tatsachen umgehen sollte, wird es noch komplizierter, weil Handlungsentscheidungen von einer Vielzahl ganz unterschiedlicher Argumente abhängen. Alice wird etwa vorbringen, dass in der Forschung und sogar in der Politik weitgehend Einigkeit darüber besteht, dass es das Wichtigste sei, den CO_2-Ausstoß zu senken. Dieses Argument ähnelt dem, welches sie auch gegenüber Bob vorgebracht hat. Caro könnte entgegnen, dass Wissenschaft uns gerade nicht sagen kann, was wir tun sollen, sondern eben nur, wie die Tatsachen liegen, und sie könnte ergänzen, dass Politik sich nicht auf Wissenschaft allein stützen darf, sondern die Interessen und Bedingungen verschiedener Gruppen in der Gesellschaft berücksichtigen muss. Auch hier sind wir sehr schnell bei allgemeinen Überzeugungen angelangt, hier allerdings nicht über die Frage, wie die Welt ist, sondern woran die Menschen ihr Handeln orientieren sollten. Soweit gilt für diese Form des Streits das Gleiche wie bei dem Streit zwischen Alice und Bob: Beide müssen akzeptieren, dass sie einander wohl zunächst nicht mit ihren Meinungen überzeugen können. Allerdings besteht für sie auch keine Möglichkeit, sich über die Praxis zu einigen: Während Alice und Bob wenigstens mit verschiedenen Gründen zur gleichen praktischen Konsequenz kommen können (dass es sinnvoll ist, vom Verbrennen fossiler Brennstoffe wegzukommen), sind Alice und Caro ja gerade über die praktischen Prioritäten unterschiedlicher Meinung.

Obwohl sie also scheinbar der gleichen Gemeinschaft mit den gleichen Grundüberzeugungen angehören, ist es für sie umso schwerer, einen Konsens zu erzielen.

Allerdings könnte es sein, dass sich Alice und Caro dennoch – auf lange Sicht – einander annähern, denn was sie eint, ist die Sicht auf die Welt, wie sie ist. Es ist zu erwarten, dass sie deshalb für die Argumente der jeweils anderen offen sein können, wenn sie sich dafür nur Zeit lassen und immer einmal wieder die Gründe für ihre Prioritäten deutlich machen. Voraussetzung ist allerdings, dass sie darauf verzichten, einander Unehrlichkeit zu unterstellen. Wir hatten gesagt, dass für einen guten Streit Aufrichtigkeit notwendig ist und auch einander zugestanden werden sollte. Wenn Alice Caro unterstellt, dass sie doch nur will, dass alles bleibt, wie es ist, oder wenn Caro Alice vorwirft, sie würde nur gutgläubig Wissenschaft und Politik folgen, dann ist dieses Prinzip verletzt.

Tragen wir einige Aspekte der Logik eines guten Streits zusammen, die an diesem ausführlichen Beispiel sichtbar geworden sind. Zunächst zeigt sich, dass es kaum möglich ist, einander in einer konkreten Streitsituation von der Fehlerhaftigkeit einer Meinung zu überzeugen. Akuter Streit kann immer nur Impulse setzen und im besten Fall für alle Beteiligten Anregungen liefern, die eigenen Meinungen und ihre Sicherheit im Nachhinein zu überdenken. Zudem haben wir gesehen, dass Menschen mit unterschiedlichen Modellen von der Funktionsweise der Welt, insbesondere der sozialen Welt, im Streit dennoch Konsens darüber erzielen können, wie man handeln und was man unterlassen sollte, weil es immer unterschiedliche Gründe für eine Handlung geben kann. Es lohnt sich, auch bei ganz unterschiedlichen Sichten auf die Welt und Theorien über ihre Zusammenhänge und Abhängigkeiten, nach Gemeinsamkeiten im Handeln zu suchen, die auf unterschiedlichen Überzeugungen basieren können. Schließlich haben wir allerdings auch gesehen, dass es die Situation geben kann, in der die Streitenden über gleiche oder ähnliche Überzeugungen verfügen, wie die soziale Welt funktioniert, und dennoch über das richtige Handeln nicht einig werden können, weil sie unterschiedliche Konsequenzen aus den Tatsachen ableiten. Dann ist es notwendig, einander die Gründe und Überzeugungen, die zu diesen Konsequenzen führen, nachsichtig und wahrhaftig – vor allem aber auch geduldig – zu erklären und dabei selbstkritisch immer wieder neu über die eigenen Sicherheiten nachzudenken. Dazu genügt nie ein einziger Streit. Streiten ist, wie gesagt, eine langwierige Angelegenheit.

Kapitel 8 Warum streiten wir überhaupt?

Nachdem es in den bisherigen Kapiteln darum ging, plausibel zu machen, dass Meinungen im Streit zumeist nicht als Behauptungen zu verstehen sind, denen sich die anderen Streitenden zwingend anschließen müssten, bleibt die Frage, was es denn sonst mit diesen Meinungsäußerungen auf sich hat. Wenn wir unsere Meinungen zumeist gar nicht äußern, um andere davon zu überzeugen, warum äußern wir sie dann? Warum streiten wir überhaupt?

Der Beweggrund der Meinungsäußerung

Zu Beginn dieses Essays war ich davon ausgegangen, dass Streitende im Streit versuchen, einander von ihrer jeweiligen Meinung zu überzeugen, dass sie einen Konsens, eine Übereinstimmung, eine gemeinsame Sicht finden wollen. Aber das ist wohl gar nicht immer der Fall. Oft wissen wir, dass wir andere nicht überzeugen werden, und wir wollen uns selbst auch nicht überzeugen lassen. Trotzdem streiten wir engagiert. Es muss dafür also auch andere Beweggründe geben.

Wir haben bisher gesehen, dass eine Meinungsäußerung im politischen Meinungsstreit niemals eine bloße Tatsachenbehauptung ist, sondern dass sie immer durch ein persönliches Interesse des Sprechenden moduliert ist.

Das gilt auch, wenn die Aussage für sich genommen wie ein Aussagesatz klingt, etwa wenn Alice sagt: „Trump wird die nächste Wahl gewinnen!" oder wenn Bob äußert: „In den Medien herrschen überhaupt keine Qualitätsstandards mehr!" Im Falle von Alice ist noch klar, dass es sich nicht um eine Tatsachenbehauptung handelt, da ihr Satz die Zukunft betrifft. Allerdings könnte man hier auch vermuten, dass es sich um eine sachliche Hypothese handelt, die nicht durch persönliche Modulation eine Angst, Hoffnung oder Sorge ausdrücken soll. Bobs Satz hat, für sich genommen, allerdings die Form einer einfachen Tatsachenbehauptung. Trotzdem wird es sich in einer Diskussion unter Freunden nur sehr selten um eine sachliche Hypothese handeln. Vielmehr darf man vermuten, dass Alice und Bob davon überzeugt sind, dass die anderen die jeweilige Modulation kennen. Wenn Alice äußert, dass Trump die nächste Wahl gewinnen wird, ist sie sicher, dass die anderen wissen, dass ihr diese Aussicht Sorgen macht. Man wird es aus ihren bisherigen Äußerungen eindeutig und intuitiv schließen. Wenn es sie nicht mit Sorgen erfüllen würde, so können wir annehmen, würde sie es gar nicht sagen. Aus dem Satz spricht mehr Sorge als eine sichere Prognose. Ebenso ist es bei Bob, dem es Sorgen macht, dass er in den Medien immer mehr Beiträge liest, die qualitativ minderwertig sind. Würde ihn diese Tatsache gar nicht bekümmern, dann würde er sich zu dieser Frage wahrscheinlich gar nicht äußern.

Manchmal wird die Tatsache, dass etwas eben Meinung ist und somit aus Sorge, Hoffnung, Furcht oder Wünschen ausgesprochen wird, eigens betont: „Das ist meine Meinung!" oder „Das macht mir Angst!" oder „Ich hoffe es jedenfalls!" – aber wenn man Diskussionen beobachtet, dann wird man schnell feststellen, dass die meisten Teilnehmer ganz selbstverständlich annehmen, dass alle wissen, dass hier modulierte Meinungen geäußert werden und nicht bloße Tatsachenbehauptungen ausgetauscht werden. Wer es nicht glaubt, frage mitunter während einer solchen Diskussion: „Ist das deine Meinung?" oder: „Macht dir das Sorgen?" Im besten Fall wird er eine prompte Bestätigung dafür bekommen, nach dem dritten Mal werden die anderen vermutlich genervt sein.

Das heißt nicht, dass man sich in der intentionalen Modulation der Meinungsäußerung eines anderen nicht irren kann, und es kann durchaus sinnvoll sein, nachzufragen. Sorgen, Hoffnungen usw. gehören zur Logik des

Streitens dazu; sie sind Teil der Rationalität in dem Sinne, dass sie begründbar und verstehbar sind – und dass man sich in ihnen irren kann. Die Frage nach dem Warum muss sich nicht nur auf den hypothetischen Aussageteil der Meinungsäußerung beziehen, sie kann auch nach den Gründen der Sorge oder der Hoffnung fragen oder eben auch danach, ob man den Sprecher hinsichtlich der Modulation seiner Meinung richtig verstanden hat.

Aber dass es diese Modulation gibt, steht außer Frage, denn sonst würde sich der Sprecher womöglich gar nicht äußern. Nur wenige Menschen mischen sich in einen Streit ein, dessen Gegenstand ihnen gleichgültig ist. Deshalb muss eine Logik des Streits, die die Rationalität der Meinungsäußerungen ergründen will, auch den Beweggrund der Äußerung, also die Frage, warum jemand überhaupt spricht, mit einbeziehen. Das wird zwar selten unmittelbar mit ausgesagt, aber es kann eben auch Gegenstand einer Frage nach dem Warum, also einer Begründungsaufforderung sein. Aus dem Prinzip der Nachsichtigkeit und aus der Annahme der Wahrhaftigkeit heraus sollte man dabei annehmen, dass der andere gute und verständliche Gründe hat, sich gerade so zu äußern, wie er es tut. Diese Gründe zu verstehen wird helfen, die Diskussion gelingen zu lassen.

Merkwürdig ist, dass gerade bei politischen oder gesellschaftlich relevanten Themen nur selten anzunehmen ist, dass die Streitenden auf eine bestimmte Handlung hinauswollen, die von ihnen selbst oder von den Mitstreitenden erwartet werden könnte, um den Grund zur Sorge zu beseitigen oder abzumildern oder um den Grund zur Hoffnung zu bestärken. Bekanntlich gibt es hier Unterschiede, die vom Thema abhängen. Beim Thema Klimawandel kann es durchaus sein, dass man über ganz praktische Konsequenzen streitet, etwa um die Benutzung einer Ölheizung oder eines Autos. Bei politischen Entwicklungen im eigenen Land kann es darum gehen, welche Partei man bei der nächsten Wahl unterstützen sollte. Zudem kann es sein, dass man um die Teilnahme an bestimmten Demonstrationen streitet. Aber auch bei diesen Themen wird oft gestritten, ohne dass man erwartet, dass die anderen sich nach dem Streit oder nach einem längeren Nachdenken im Anschluss an politischen Aktionen beteiligen, oder man das eigene Verhalten ändert.

Gründe für eine Meinungsäußerung können also zwar darin liegen, dass man sich um den Gegenstand der Diskussion sorgt, dass man meint, dass eine Diskussion notwendig ist, um unerwünschte Entwicklungen in der Gesellschaft zu verhindern. Ein anderer Grund kann aber auch sein, dass man sich durch die Äußerung und die Reaktionen darauf einer Gemeinsamkeit versichern will oder dass man diese Gemeinsamkeit stabilisieren oder herstellen will. Vielleicht auch, weil man den Lauf der

Diskussion beeinflussen will, etwa weil man meint, dass er durch andere Diskussionsteilnehmer in die falsche Richtung geführt wird. Jeder Teilnehmer bringt seine Sorgen und Hoffnungen, aber auch seine Erfahrungen aus anderen Meinungsstreits in die Diskussion mit hinein, und aus all dem formt sich sein mehr oder weniger kurzer Beitrag zur Diskussion.

Gemeinsamkeit macht stark

Nun ist die Philosophie keine empirische Wissenschaft. Wir machen also keine Umfrage, befragen streitende Menschen nicht, warum sie streiten. Im Gegenteil, Philosophie pflegt ein gewisses Misstrauen gegen solche Empirie. Warum sollten die Befragten in der Umfrage „die Wahrheit“ sagen? Vielleicht steuert die Fragestellung schon das Verständnis der Befragten vom Gegenstand der Frage? Woher sollen wir überhaupt sicher sein, dass die Streitenden selbst wissen oder sagen können, warum sie streiten?

Es könnte z. B. sein, dass die Streitenden selbst eine Vorstellung davon haben, warum man vernünftigerweise streitet. Wenn sie dann befragt werden, nennen sie gar nicht ihre eigenen Gründe (über die sie womöglich noch nie nachgedacht haben). Auf der anderen Seite haben die, die wissenschaftliche Befragungen durchführen,

ganz sicher schon über mögliche Antworten nachgedacht, und sie formulieren ihre Fragen sicherlich in Abhängigkeit von ihren Vermutungen. Als Philosophierender halte ich deshalb einen gewissen Abstand von den empirischen Methoden der Wissenschaft. Meine Methode ist spekulativ. Als Quelle für meine Überlegungen dienen mir meine allgemeinen Vorstellungen über die Welt, über das, was die Menschen ausmacht. Zugleich ist eine ziemlich si-
chere Quelle meines Nachdenkens die Beobachtung eben dieses eigenen Nachdenkens – und dessen, was ich verbunden mit diesem Nachdenken selbst tue. Aus diesem spekulierenden Reflektieren heraus gewinne ich Ideen darüber, wie sich etwas verhalten könnte. Diese Ideen kann ich dann anderen vorstellen, in der Hoffnung, dass diese sie nachsichtig prüfen, mit ihren eigenen Vorstellungen von der Welt abgleichen und als Anregung für eigene Reflexionen nutzen.

Was also sind die Annahmen, mit denen wir die Lust am Meinungsstreit erklären können? Zwei Aspekte wären zu nennen: Wir Menschen sind soziale Wesen und darauf angewiesen, uns mit anderen in einer Gemeinschaft zu wissen. Es ist wichtig, dass ich zumeist sicher bin, dass andere so sind wie ich, dass sie die Welt ähnlich sehen wie ich, dass sie auf das Gleiche vertrauen und dem Gleichen misstrauen. Das Erleben von Übereinstimmungen macht mich sicher, dass ich nicht allein bin mit meinem Blick auf die Welt. Mit einer Meinungsäußerung hoffe ich also auf Zustimmung von anderen, und allein die Tatsache, dass andere, die ich als mir ähnlich empfinde, mir zustimmen, genügt mir, um mit größerer Sicherheit durch mein Leben zu gehen. Das Gleiche gilt natürlich auch, wenn mir von Menschen, die ich als fremd oder anders empfinde, Ablehnung entgegenschlägt. Auch das bestä-

tigt mich: in meinem Anderssein gegenüber denen, die anderer Meinung sind ebenso wie in meiner Gemeinsamkeit mit denen, die mit gleich sind.

Gerade wenn ich mich in einem Umfeld bewege, das mir fremd ist und das ich ablehne, will ich also auch gar nicht „überzeugen", dann streite ich nicht mit dem Ziel, dass die anderen einsehen, dass ich recht habe. Jeder Widerspruch bestätigt mich ja darin, dass diese eben anders sind – und diese Bestätigung sichert mein Weltbild in meinem So-Sein-wie-ich-bin.

Unsicherheit beherrschen

Bevor man sich nun gedanklich über diejenigen erhebt, die den Streit für die Abgrenzung zwischen sich und den „Eigenen" auf der einen Seite und „den anderen" oder „den Fremden" auf der anderen Seite brauchen, um in der Weit zurechtzukommen, kann man sich kritisch fragen, ob man selbst ohne solche Abgrenzungen auskommt. Selbst die Skeptiker, die „nichts glauben“ und „alles hinterfragen“, grenzen sich ja auf diese Weise im Meinungsstreit von anderen ab und bilden eine Gemeinschaft der „aufgeklärten kritischen Geister“.

Wenn man sich die eigene Unsicherheit in der Komplexität der Welt wirklich eingesteht und versucht, sein Weltbild nicht nur per Übereinstimmung und Ablehnung mit anderen zu begründen, findet sich schnell ein weiterer Grund für die Beteiligung am Meinungsstreit: Die Meinungsäußerung kann dazu bestimmt sein, Argumente dafür oder dagegen zu erhalten, die mich in meiner Meinung bestärken oder weiter verunsichern.

Die meisten Vorstellungen über die Welt gewinne ich auf der Grundlage medialer Vermittlung. Daraus erzeuge ich mir ein Bild von der Welt, das vor allem auch als Befürchtungen oder Hoffnungen besteht: Ich hoffe, dass sich die Stimmung in Großbritannien noch proeuropäisch entwickelt, ich befürchte, dass es nicht mehr rechtzeitig zu einem Umsteuern in der Klimafrage kommt. Mit meiner Meinungsäußerung im Streit suche ich Bestätigung oder Widerspruch. Das aber nicht nur, um mich zu vergewissern, dass ich mit meiner Meinung nicht allein bin, sondern auch, um meiner Meinung überhaupt sicher zu werden oder um mich verunsichern zu lassen. Ich suche nach Argumenten, die meine Hoffnungen stützen, oder auch nach solchen, die meine Befürchtungen fragwürdig machen. Das alles, um in einer unsicheren Welt mit einem unsicheren Bild von der Welt halbwegs sicher zurecht zu kommen.

Es ist klar, dass Meinungsäußerungen dieser Art nicht mit einem Wahrheitsanspruch verknüpft sind. Im Gegenteil, ich gehe immer davon aus, dass es andere gibt, die anderer Meinung sind als ich, und die ich mit meiner

Meinung – und mit den Begründungen dieser Meinung – gerade nicht werde überzeugen können. Trotzdem ist es sinnvoll, den Streit zu führen: Er macht mich sicherer in meinen Hoffnungen und Befürchtungen und schafft mir damit ein besseres Fundament zum Handeln. Der Streit schafft Gemeinsamkeit mit Menschen, die ähnlich denken wie ich, sodass wir uns gemeinsam mit denen auseinandersetzen können, die anderer Meinung sind.

Kontroverser Meinungsstreit ist also zunächst ein Mittel, die eigene Sicherheit zu stärken. Jeder konkrete Streit mit konkreten anderen Personen über eine Einzelfrage oder über eine grundsätzliche Sicht auf die Welt soll dazu beitragen, dass mein Weltbild sich festigt, auch wenn dieses Bild düster ist. Er bestätigt mich darin, dass mein Umgang mit der Welt, die Weise, wie ich mich darin eingerichtet habe, sinnvoll und zutreffend ist.

Auch wenn Alice und Bob über den Sinn einer aktuellen politischen Maßnahme streiten, an der beide nichts ändern werden, und wenn sich im Streit herausstellen würde, dass sie keine Einigkeit über den Gegenstand erzielen können, festigt sich in diesem Streit ihre jeweilige Vorstellung vom politischen System überhaupt, davon, ob sie Vertrauen in die Prinzipien der Politik haben können, ob sie glauben, dass politische Herausforderungen zu lösen sind. Das wiederum trägt dazu bei, dass sie sich auf die Zukunft in gewisser Weise sicher einstellen können. Sie halten ihre Erwartungen für realistischer, wenn sie es schaffen, sich ihre eigenen Meinungen im Streit zu bestätigen.

Das stellt allerdings nicht in Frage, dass es sinnvoll ist, so zu streiten, wie ich es in den ersten Abschnitten dieses Essays beschrieben habe – mit dem Ziel, Konsens herzustellen, die Argumente und Gründe des anderen zu verstehen, möglicherweise eigene Meinungen zu hinterfragen oder die Meinungen des anderen fragwürdig zu machen, sodass ich selbst und die andere streitende Person auf lange Sicht zu neuen Einsichten kommen und Meinungen sich verändern. Oft sind wir unserer Meinung ja gar nicht so sicher, wie es den Eindruck macht, wenn wir sie im „Brustton der Überzeugung" äußern. Begründete abweichende Meinungen können dann zu Veränderungen beitragen, die allmählich zu gemeinsamen Ansichten zum Gegenstand des Streits führen.

Es gibt also viele gute Gründe, um gut und richtig zu streiten. Und es gibt kaum einen Grund, einem solchen

Streit aus dem Wege zu gehen. Wenn wir nachsichtig und wahrhaftig in einen Streit hineingehen und merken, dass auch die anderen nachsichtig und wahrhaftig streiten, können auch die strittigsten Themen so diskutiert werden, dass wir uns menschlich nahe bleiben und dass Gräben, die durch kontroverse Meinungen aufgerissen werden, nicht zu unüberwindlichen Abgründen werden.

1 Willard Van Orman Quine, Wort und Gegenstand, Stuttgart: Reclam 1980, S. 115. Der Aufsatz von N. L. Wilson, auf den Quine hier verweist, erschien unter dem Titel „Substances without Substrata" in: The Review of Metaphysics 12 (1959), Nr. 4, S. 521–539; den Begriff „Principle of Charity" führt Wilson auf S. 532 ein.

2 Lesenswert ist dazu der Paragraph 13 von Willard Van Orman Quines Buch „Wort und Gegenstand", welches als Reclam-Band erschienen ist (1980; engl. Word and Object, 1960), sowie der Aufsatz-Sammelband „Wahrheit und Interpretation" von Donald Davidson, erschienen als Suhrkamp Taschenbuch Wissenschaft (1990; engl. Inquiries into Truth and Interpretation, 1984).

3 Ein ähnliches Beispiel führt Catherine Z. Elgin in ihrem Buch „True Enough" (Cambridge 2017, S. 19 f.) an: Eine Australierin kann aus ihrer bisherigen Erfahrung und aus allem, was sie bisher gelernt hat, davon überzeugt sein, dass alle Schlangen giftig sind, und trotzdem akzeptieren, dass die nordamerikanische Strumpfbandnatter, der sie in Maine begegnet, harmlos ist. Sie kann sich dazu bringen, darauf zu verzichten, jedes Mal um Hilfe zu rufen, wenn sie ein solches Tier sieht. Ihre grundsätzliche Meinung über Schlangen überhaupt stellt sie deshalb nicht in Frage (was auch vernünftig ist). Elgin liefert in ihrem Buch eine umfassende Beschreibung von Arten, etwas als gegeben anzunehmen. Dabei kann es sogar Dinge geben, von denen man zwar überzeugt ist, dass sie falsch sind, die man aber trotzdem akzeptiert, weil sie den Erkenntnisprozess voranbringen (z. B. bestimmte Modelle in den Wissenschaften).

4 Aristoteles spricht in seiner „Metaphysik" (4. Buch, Kapitel 4) über die grundlegenden Prinzipien der Wissenschaft. Er schreibt: „Manche verlangen nun aus Mangel an Bildung, man solle auch dies beweisen; denn Mangel an

Bildung ist es, wenn man nicht weiß, wofür ein Beweis zu suchen ist, und wofür nicht“ (1006a, zitiert nach: Aristoteles’ Metaphysik. Erster Halbband: Bücher I–VI. Herausgegeben von Horst Seidl. Neubearbeitung der Übersetzung von Hermann Bonitz. Hamburg: Felix Meiner Verlag, 3., verbesserte Auflage 1989, S. 139). Das, was Aristoteles (genauer: sein Übersetzer) hier „Bildung“ nennt, könnte man auch als die Ausbildung und Einübung der Normen einer Gemeinschaft bezeichnen. Für uns interessant ist, dass diejenigen Überzeugungen, die keines Beweises bedürfen, von Aristoteles als die „Prinzipien“ bezeichnet werden. Ein Begriff, der uns im alltäglichen Sprachgebrauch auch heute genau in diesem Sinne begegnet. „Ich habe meine Prinzipien“ ist ein Verweis auf eben solche Grundüberzeugungen, an denen jemand festhält und die er nicht weiter für begründungsbedürftig hält.

5 Hier sei auf Ludwig Wittgensteins „Über Gewissheit“ hingewiesen, von dem ich auch die Art dieser Beispiele übernommen habe (Frankfurt: Suhrkamp 1984).

6 Martin Heidegger spricht im § 27 von „Sein und Zeit“ von der „Diktatur“ des Man. „Weil das Man jedoch alles Urteilen und Entscheiden vorgibt, nimmt es dem jeweiligen Dasein die Verantwortlichkeit ab. Das Man kann es sich gleichsam leisten, dass ‚man‘ sich ständig auf es beruft.“ (Tübingen: Max Niemeyer, 16. Aufl. 1986 [1927], S. 127).

7 Ausführlich habe ich das dargestellt in dem Aufsatz „The discovery of anthropogenic climate change“, in: Jan G. Michel (Hg.), Making Scientific Discoveries: Interdisciplinary Reflection, Paderborn: Brill 2022, S. 153–167. Eine gut lesbare deutsche Kurzfassung findet man hier: Die Entdeckung des Klimawandels, in: Der Freitag 33/2021, online unter: www.freitag.de/autoren/joerg-phil-friedrich/die-entdeckung-des-klimawandels, 24.08.2021 [abgerufen am 23.02.2024].

Stefan Seidel

Entfeindet Euch!

Auswege aus
Spaltung und Gewalt

ISBN 978-3-532-62897-3

Die Feindschaft ist zurück auf der Tagesordnung. Nicht nur in den gegenwärtigen Kriegen und Großkonflikten der Welt. Auch in der hiesigen Gesellschaft ist sie zur dominanten Logik geworden. Kaum eine Debatte, die nicht in der Verteufelung des anderen mündet. Das „Prinzip Feindschaft“ beherrscht die Köpfe und Strategien. Scheinbar gibt es nur noch „Gut“ oder „Böse“, „Freund“ oder „Feind“. Das Wahrnehmen von Zwischentönen, Spielräumen, Vermittelndem gerät dabei aus dem Blick. Der Umgang mit Uneindeutigem, Nicht-Übereinstimmendem, Abweichendem wird verlernt. Das ist fatal und führt fast zwangsläufig zu Gewalt. Um Lösungen jenseits der Gewalt zu finden, sind Entfeindungen notwendig. Dieses Buch versucht, solche Auswege aus der Falle der Feindschaft zu eröffnen.

Zum Schutz der Umwelt verzichten wir bei diesem Buch auf das Einschweißen mit Folie.

www.claudius.de

Umschlaggestaltung: Weiss Werkstatt, München
Lektorat: Stenger & Rode GbR, München
Gesetzt aus der Adobe Garamond Pro und Lucida Sans
Druck: FINIDR s.r.o, Český Těšín

ISBN 978-3-532-62900-0